古孟祥/著
温剑宏/绘

悟空奇趣禁毒记

写给青少年的禁毒防毒故事书

中国法制出版社
CHINA LEGAL PUBLISHING HOUSE

图书在版编目(CIP)数据

悟空奇趣禁毒记：写给青少年的禁毒防毒故事书 / 古孟祥著；温剑宏绘. -- 北京 : 中国法制出版社, 2024.6

ISBN 978-7-5216-4531-6

Ⅰ. ①悟… Ⅱ. ①古… ②温… Ⅲ. ①禁毒—中国—青少年读物 Ⅳ. ①D669.8-49

中国国家版本馆CIP数据核字（2024）第105636号

策划编辑：李　佳

责任编辑：刘冰清　　封面设计：杨泽江

悟空奇趣禁毒记：写给青少年的禁毒防毒故事书

WUKONG QIQU JINDUJI: XIEGEI QINGSHAONIAN DE JINDU FANGDU GUSHISHU

著者 / 古孟祥

绘图 / 温剑宏

经销 / 新华书店

印刷 / 应信印务（北京）有限公司

开本 / 880 毫米 ×1230 毫米　32 开　　印张 / 5.25　字数 / 70 千

版次 / 2024 年 8 月第 1 版　　2024 年 8 月第 1 次印刷

中国法制出版社出版

书号 ISBN 978-7-5216-4531-6　　定价：29.00 元

北京市西城区西便门西里甲 16 号西便门办公区

邮政编码：100053　　传真：010-63141600

网址：http://www.zgfzs.com　　**编辑部电话：010-63141822**

市场营销部电话：010-63141612　　**印务部电话：010-63141606**

推荐序

认真拜读古孟祥警官的书稿时，我的脑海里回想起鸦片战争那段沉重而屈辱的历史。鸦片贸易令中国的白银大量外流，造成国库空虚；烟毒泛滥，社会生产力亦遭受严重破坏；长期吸食鸦片的人身体孱弱、精神萎靡。当时中国几乎无御敌之兵，无充军饷之银。鸦片不仅毒害中国人民的身心，也给当时的中国社会带来了深重的灾难。可幸的是，民族英雄林则徐用“虎门销烟”的壮举警醒了国人。

诚然，岁月更替，虎门销烟距今已有一百八十多年，但毒品恶魔未灭，海洛因等毒品比鸦片的毒性更强，对人类社会造成巨大的伤害。现在新型毒品多种多样，对青少年造成的危害巨大，所谓“毒品一沾，悔恨终生”。

古孟祥警官深耕禁毒一线，长年与瘾君子打交道，耳闻目睹瘾君子沾毒后各种辛酸、离奇、痛苦的经历，以及造成的各种人格障碍、家庭悲剧，感到惊心、惋惜。他运用专业心理学知识为各类瘾君子释疑解惑，拨开心中阴霾，纠正涉毒者错误的认知，使其树立正确的人生观、价值观。作为广东省普法宣讲团成员，他还长年在大中专院校结合心理学专业知识对吸食毒品背后的原因进行深入分析，以涉毒者的经历警示当代学生，让数万名学生受益。

古孟祥警官面对各种求知的眼神和稚嫩的脸庞，职业责任感油然而生。为防止涉世未深的青少年学生被花样繁多的新型毒品诱惑、毒害，误入歧途而悔恨一生，他经过深思熟虑，在繁忙的工作之余与时间赛跑，历尽艰辛，搜寻各种素材创作禁毒文学作品，让更多读者受益。他以文学为媒，为禁毒事业添砖加瓦，传播正能量，警示青少年。

这本书共有十章，每章中都巧妙地融入一个或多个毒品的知识。为激发青少年的阅读兴趣，提高其识毒、拒毒能力，他巧妙地借助大家耳熟能详的《西游记》中唐僧师徒四人的形象，设计了各种风趣幽默的故事情节，令人捧腹大笑、百读不厌，在轻松的氛围中向读者讲述了各种毒品对个人、家庭和社会的危害，以及禁毒工作的艰辛与意义。读者可以在潜移默化中受到教育，可以更深入地了解毒品问题的严重性，从中汲取力量，坚定禁毒的决心和信念，提高禁毒防毒的意识。

从这本书中我们还可以看到那些为了禁毒事业而奋斗的英雄，他们用辛勤的汗水和无私的付出，换来了社会的安宁和人民的幸福。禁毒工作者是我们的榜样，是新时代值得致敬的无名英雄。

根除毒品历来就是一个世界难题，毒品不仅危害人的身体健康，还会对家庭、社会的和谐稳定带来灾难性破坏。禁毒是一项长期而艰辛的社会系统工程。参与禁毒宣传是中国公民的责任和义务。

禁毒的历史与现实告诉我们，禁毒之路任重道远。全民参与禁毒是功德无量的辉煌史诗，是为未来的花朵健康成长创造一片天地，是新时代助力讲好中国故事的历史见证，是建设美丽健康中国的有力保证。

路虽远，行则将至，要持之以恒全力禁毒。祝愿古孟祥警官的这本禁毒故事书能够引起更多读者对毒品问题的关注和思考，让我们一起行动起来，为禁毒事业贡献自己的力量，为每一个家庭和社区的生机勃勃、社会的和谐稳定而全力以赴，谱写禁毒事业的新篇章。

姜祖桢

（姜祖桢，中央司法警官学院矫正教育系原主任、戒毒康复研究中心主任、三级教授，硕士研究生导师，司法部《法律逻辑学》精品课负责人，全国自学考试《罪犯改造心理学》命题组组长。）

前言

用手中之笔书写涉毒人员案例和预防青少年涉毒之教科书，是我的愿望。

因职业相关，肩负救人责任。曾经，我去某中学上涉毒案例课。课余之时，一名中学生带着疑惑的眼神对我说：“我没想到毒品会有这么大的危害，如何能更好地识别和区分毒品的种类呢？”我作了些简单的回应，他还是有些不解的样子。

有些毒品会披上美丽的外衣，起个非常吸引青少年的名字，在各种场所中出现。比如，有的毒品换上名为“减肥药”的外衣来迷惑爱美的少男少女。一些少男少女为了所谓的迷人身材，大量吞食“减肥药”，却不知从此自己的生命就会被这些“药”

所吞噬。有许多处于懵懂期的少年因对“摇头丸”产生好奇，就抱着试试看的心理去食用，导致毒瘾缠身，家破人亡。人生病住院治愈后还能回家团圆，但如果沾上毒品，后半生恐怕都难逃梦魇！

对啊！我何不根据青少年求知欲望和好奇心强的特点创作一系列禁毒相关的书籍呢？想到这里，我脑海里灵光一闪，想到了借用唐僧师徒四人的形象。于是，我开始构思，尽量把最近国内外新出现的毒品名称、特性、对人体产生的危害表现，融入《西游记》的情节中。对于中小学生群体，这样可以帮助他们更好地认识、理解并记住这些毒品的外观形象、毒性，容易出现的地方，遇到毒品时的应对措施，等等。

每当绞尽脑汁，创作陷入困境，加上身体的伤痛几乎让我放弃写作时，我便想起了在工作中接触到的几个大专、中专学生稚嫩清秀的脸庞，想起了戒毒人员的父母不远千里来戒毒所探视时那声泪俱下的会见场面，就有了无穷的创作力量。

多少天真无邪的少年、多少风华正茂的青年、多少美满幸福的家庭，都在毒品的魔掌下被击得面目全非；多少青少年沉迷毒品不能自拔而葬送了美好的青春年华。他们本该在学校里学习，却因一时不慎或者说一时好奇而坠入了深渊，让人感到心痛。警徽给我责任，我想以文字为媒照亮瘾君子那灰暗的世界，让他们及时警醒，也让更多人能够了解和认识毒品的真正面目，树立全民禁毒、防毒的意识，为建设美丽中国出一份微薄之力。

时光流转，书稿已成，即将出版。在此，特别感谢各级领导给我的指导与关心；感谢温剑宏先生、植伟森先生、古汉新先生等给予的指教与帮助。

由于写作时间仓促，水平有限，差错在所难免，恳请广大读者朋友批评指正，期待再版时修订完善。

古孟祥

目录

第一章　变成“僵尸”的人

话说师徒四人这日到达马国。悟空回头对师父道：“想必此处有妖怪作祟，街上少人烟，人走似僵尸。”唐僧道：“我们找个人家投宿，看看情况。”

悟空点头称是，小心牵马入城，约走了半个小时，便见到一排清静的宅院。悟空喜滋滋地上前敲门，连敲开几家，但主人均不愿意借宿，悟空眼见天色已晚，急得抓耳挠腮。

唐僧见状，便道：“百姓也许是有隐情，为师上去看看。”唐僧说罢，走到一座府邸前，门口的牌匾上写着“陈府”二字。唐僧轻轻敲了三下，门“吱呀”一声开了，一位老者探出脑袋看了唐僧一眼，就想关门。唐僧忙伸手拦住他，道："陈施主，我们师徒四人奉命扫妖毒，欲在贵处借宿一晚。"陈施主犹豫片刻，才让唐僧四人进门。

四人坐下不久，陈施主端上一些素食。唐僧见陈施主神情紧张，便道："陈施主，为何此处借宿这么难？"

"唉！实不相瞒，我们这里晚上闹僵尸，大家都不敢出门，更不用说让外人借宿了。"

悟空问道："嗯，僵尸在哪里？降妖是我们的本分。"

陈施主说："我知道你们是传说中的高僧，但我还是劝你们，晚上不要去招惹他们，他们到了晚上凶性大发，会攻击别人。"

悟空笑嘻嘻地道："这个无妨，你尽管告诉我们如何找到他们便是。"陈施主摇了摇头，无奈地叹息一声道："既如此，你们往前面小树林去找他们便是。"

悟空道："你们等我们的好消息吧！"然后拉着

还在往嘴里塞馒头的八戒往小树林走去。屋外一片漆黑，四周弥漫着浓浓的夜雾，悟空用火眼金睛一扫，只见小树丛里面有几只僵尸。这些僵尸的眼睛冒着绿光，体形瘦长、面无血色、长着长长的指甲。八戒心里有些发毛，便对悟空道：“猴哥，你去前面探个路，我去下卫生间就来。”

“你去吧！可别怪我没告诉你，僵尸最喜欢猪骚味哦！”八戒一听，便拉紧了悟空的衣角，不敢走开。

“八戒，我们赶紧变成僵尸的模样，保证没有僵尸咬你。”

说完，悟空就施法变成了僵尸。八戒无奈，只好硬着头皮也变成了僵尸。

二人走进小树林，越往里走看到的不人不鬼的僵尸就越多。这些僵尸低着头，双手耷拉着，佝偻着极度诡异的身体，像赶集似的往一个方向而去。

“猴哥，我怎么感觉像是到了阴曹地府。”悟空并不搭话，而是推了一把磨磨蹭蹭的八戒。

悟空和八戒跟着众僵尸到了一间屋子里，悟空仔细一瞧，发现这些“僵尸”其实是当地百姓，并不是真正的僵尸，只不过他们的容貌古怪、攻击性强，才被村民误认为是僵尸。

此刻，他们一个个面无表情地在排队买着什么东西。悟空变作一只小虫飞到前面一看，几只狼妖正在向百姓出售一种粉末，百姓一拿到就站在旁边吸食这些粉末，空气中弥漫着一种像是洗衣粉的气味。

悟空看到一些吸过这些粉末的百姓被带到隔壁房间，他紧跟着飞去一看，不禁大骇。只见几个百姓拿着刀自残肢体。尽管身上鲜血淋漓，可他们脸上依旧看不出任何表情。

悟空虽见多识广，可这种骇人场面还是第一次见到。悟空想起自己是经历了无数次的苦难、修炼，方练成金刚不坏之躯，变成煮不烂、割了脑袋还能活的齐天大圣，而这些百姓竟然只需吸食这些粉末便可毫无痛感，这场面实在是闻所未闻、见所未见。

悟空心里极为疑惑，这粉末到底是什么东西？

思量至此，悟空飞至无人处现出原形，掏出《毒品百科》仔细翻看起来，有一页赫然写着：“僵尸浴盐形如海盐，是一种新型毒品，它会减少大脑中的肽类化合物分泌，使大脑神经无法感知肉体上的痛感。”悟空恍然大悟。

此时，悟空总算明白了，这些人吸食的粉末原来是毒品“僵尸浴盐”。悟空还注意到，这些百姓的皮肤颜色不一，应当是与吸食“僵尸浴盐”的时间长短有关，皮肤发黑的人可能食用的时间较长。

就在这时，悟空听见旁边屋子有动静，他担心自己刚才忙着查找资料，屋里的八戒被狼妖抓住，于是赶紧变作小虫飞了回去，又变回了僵尸。

结果真被悟空料中了，一个狼妖头目识破了八戒的变形，便匆匆跟狼王汇报。狼王一听，忙吩咐身边的小狼妖道：“赶紧关门，绝不能放走外来者。”

随后，一狼妖头目站在台上拿着一面彩旗挥了几下，指挥小妖就把八戒绑了起来。

“你们为什么绑我？”八戒拼命地挣扎。小狼妖道：“你是什么人？”八戒拱拱嘴道：“我就是此地百姓！”

狼王不耐烦地道：“小的们，不管他是谁，都给我狠狠地打，我就不信他不现出原形。”

刚吸食了“僵尸浴盐”的小妖一听，兴奋地拿起皮鞭狠狠地往八戒身上招呼。八戒痛得龇牙咧嘴，直呼猴哥救命。然而过了良久，仍不见悟空现身，八戒心里慌了，心想：“难道猴哥看我被抓，自己跑了？如今还是先保命要紧。”于是他装作可怜的样子道：“我皮糙肉厚的，你们打累了吧？先停下休息一下。”

小妖咧着嘴直笑：“我们有的是力气！”说罢又狠狠地把皮鞭往八戒身上招呼。八戒这时痛得实在受不了了，干脆现出原形。他大吼一声道：“赶紧放了猪爷爷，不然等俺师兄回来绝不轻饶你们。”

狼王没见过死到临头还这么大放厥词之人，他大笑了几声道：“你不就是传说中被玉帝贬下天宫的瘟猪嘛！不在灵山好好做你的‘净坛使者’，跑来这里多管闲事，活该你受罪。快告诉我，孙猴子在何处？”

“哼，说不定我师兄已经钻进你肚子里准备吃你的肉，挖你的心呢！赶紧拿出好吃的来招待老猪，我叫师兄饶你不死。”八戒故弄玄虚之余，还不忘要好吃好喝。

狼王一听，脸色一变，下意识地摸了下自己的肚子，没发现异样，这才安心。他嘲讽地笑了笑道：“你师兄如今不知躲在了哪里，你还嘴硬，真是嫌命长了！小的们，快点把他的手给我砍下来，先尝尝味道。”

八戒这时吓得脸都变形了，放声哭喊道：“猴哥，你在哪儿？你在哪儿啊？快点救救俺老猪啊！”

悟空见小妖准备动手，便现出原形，吹出一口仙气，把拿刀砍八戒的小妖定住。他又对着八戒吹了一口气，八戒身上的绳子便纷纷断开。

悟空拿出金箍棒指着狼王道：“俺老孙乃是齐

天大圣，赶紧拿命来。”

狼王迅速拿起一面旗子一挥，手下的小妖和百姓便向悟空、八戒扑来。

悟空向百姓喊道：“你们清醒点，别再为这个妖孽卖命了，他就是谋你们的财、害你们的命。你们的父母、爱人、孩子还在家里等着你们呢！大家赶紧回去吧！”听悟空说完，有百姓就往后退。

狼王见此恨得不行，用死鱼般灰白的眼睛紧盯着百姓，喉咙里又发出低吼声：“不许后退。你们谁敢后退，别怪我不客气，今后你们休想再拿到‘僵尸浴盐’。”百姓一听，愣在那里不敢退了，可也不想前进攻击。

悟空再次喊道：“你们别听他的，这浴盐就是从百毒之王海洛因中提炼出来的，作用就是害你们的命，让你们失去自我，活得浑浑噩噩；让你们失去理智，人格扭曲。你们不为自己着想，也要为你们的亲人想想！赶紧醒醒吧！”

听完悟空的话，又有百姓开始后退，还有的在小声议论：“是啊！他们骗我们说‘僵尸浴盐’是用来治病的，到现在我的病不但没好，反而更加严重了。看来这个猴子说得有道理，我们再也不能这样浑浑噩噩地活着了。”“对啊！他们一开始也是免费让我吸食，说是可以治病，后来就收钱才能吸食了，我们早就该醒悟了。”百姓七嘴八舌说着，就往门口跑去。

“我去收拾狼王，你来对付剩下的小妖。”悟空对八戒说了一声，便杀向狼王，狼王也不甘示弱，拿着刀对着悟空就砍。顷刻间，你来我往，你砍我挡，你打我闪，打得好不激烈。

此时，东方透出了鱼肚白，八戒三两耙便把小妖们打得四散奔逃，便直扑狼王而去。二人夹击之下，狼王渐渐招架不住。八戒看准时机，狠狠就是一耙打向狼王，直打得他后背一股鲜血喷涌而出，倒在地上死了。

没多久，天大亮了，悟空和八戒又在附近察看一遍，发现再无小妖出现，这才匆匆而回。

此刻，唐僧、沙僧已经吃了早点，正焦急地在门口张望着，沙僧眼尖，见悟空、八戒归来，忙上前询问。悟空把晚上发生的事情经过说了。唐僧听了，便念了几句：“善哉，善哉。”随后关切地问八戒：“八戒，你挨了打，伤得可严重？”八戒装模作样地哼了几声道：“师父，我被打得可疼了。”

唐僧正要安抚八戒几句，突然，门口传来一阵喧嚣声，陈施主兴冲冲地进来道：“各位高僧，老朽有眼不识泰山，官府获知你们昨晚把妖孽除了，还救回了许多青壮年劳力，非常高兴，特地派人送来重礼在门口等你们呢！”八戒一听有重礼便流着口水，兴高采烈地往门口冲去。

唐僧赶紧喝住八戒，随后迎了上去，与官府差人打了招呼，对官差说：“铲除妖毒是吾等分内之事，无须客气，我等即将启程，好意心领了。”

官差见唐僧等人去意已决，不好挽留，再三拜谢后回去复命。

八戒，你除掉狼王，也是功德一件！
猴哥，许多无辜之人被毒品“僵尸浴盐”害得真惨啊！
大师兄，“僵尸浴盐”如此厉害，该如何防范？
对啊，猴哥，这些人吸食后就失去了人性，深受其害。
别信“僵尸浴盐”治病的谎言、不交损友、远离不良社交圈子。
悟空，你和八戒为当地除了一害啊！

毒品小百科

“僵尸浴盐”所含物质为甲卡西酮、卡西酮，以及亚甲基二氧吡咯戊酮（Methylenedioxypyrovalerone，简称 MDPV）。初时人们因此毒品外形如同海盐，故称之为“浴盐”。又因为吸食后会让人丧失疼痛感，故也称“僵尸浴盐”。它是一种与冰毒类似的化学合成毒品，外观一般是白色晶体或粉末，另外也有少量呈淡黄色、黄色、褐色、灰色甚至是黑色。由于不同成分的合成以及作用不同，有香草、鱼腥、洗衣粉等特殊气味。人吸食后不但会具有攻击性，还会失去肉体疼痛感，出现幻觉、妄想、偏执、焦虑、抑郁等诸多精神障碍症状。

温馨小提示

在电视剧里我们常常见到僵尸身穿清朝官服，长着长长的指甲，皮肤惨无血色，脸颊凹陷，双手平举，一跳一跳地向前进，还喜欢用尖牙咬人脖颈，想必这是不少人的童年阴影。而吸食“僵尸浴盐”会使人丧失理智，产生怪异的妄想和幻觉，对他人进行不可想象的疯狂攻击和撕咬，或者因为没有任何感知觉而对自己的身体进行残害，成为更让人害怕的“僵尸”。

我们青少年如何预防这种邪恶的“僵尸浴盐”的侵害呢？

一、当有人向我们宣称吸食“僵尸浴盐”可以获得极致的快感并脱离烦恼时，我们要意识到这是一个天大的谎言。吸食“僵尸浴盐”所带来的快感和幻觉都是虚假的，背后都隐藏着让人难以承受的生理、心理上的痛苦。

二、“僵尸浴盐”这种新型毒品很容易在一些不良的社交圈子里面流行，所以需要注意不要和有吸毒迹象的人交朋友，更不能沾染他们的恶习。

三、不要相信“僵尸浴盐”可以治病等无稽之谈。如果发现有人准备使用“僵尸浴盐”治病，一定要及时报警。要谨记，“僵尸浴盐”不能让病人康复，只会让他们与健康渐行渐远。

四、学会保护自己。路上偶遇行走如僵尸般的陌生人时，千万不要抱着好奇心进行挑逗或戏弄。因为吸食了“僵尸浴盐”的人已经丧失了理智，只要受到一点刺激可能就会疯狂地进行攻击。

第二章　唐僧误沾“听话水”

这一日，阳光明媚，微风和煦，河岸边柳枝茂密，不时传来清脆的鸟啼之声。

四僧一马搭乘一艘中型船舶，站在甲板上对不远处岸边的景色赞叹不已。

“师父，大师兄，二师兄，你们有没有觉得，这条河和这附近的风景有些熟悉？”沙僧此时突然开口。

“你不会是感觉错了吧！马上就到岸边了，咱们待会儿问问岸边的姑娘不就清楚了？”

“师兄说得是。”沙僧眼见就要到岸边，当即挑起行李等待船舶靠岸。

就在这时，师徒四人头顶上忽然传来阵阵嗡嗡声，唐僧抬头一看，原来是一大群不明昆虫在他们头上盘旋飞舞。

悟空牵着白龙马很快上了岸。回头一看，大惊失色，他揉了揉眼睛，露出一副不敢相信的样子。

“师父……您的眼睛？”

只见唐僧眼眶周围泛起一片瘀青，像是被人打了两拳一样，眼睛中也充满了血丝，整个人看起来一下子憔悴了不少。

“悟空，为师的眼睛……怎么了啊？感觉火辣辣的。”

“请问姑娘附近可有诊所？”悟空忙上前询问旁边一个洗好衣服正欲离去的年轻女子。

“难不成，难不成……你们就是当年前去西天取经的唐僧师徒？”姑娘轻启朱唇，有些吃惊地问道。“正是贫僧师徒四人。”唐僧忍住痛，行了礼道。

“你们不是求取了真经吗？如今这是……”唐

僧上前解释道：“女施主，贫僧师徒四人，此次路过贵地，是为扫毒而来的。”

那姑娘点了点头，恍然大悟道：“这样啊！唐长老叫我青梅吧！咦……唐长老，你的眼睛是怎么回事？”她盯着唐僧的眼睛，不由得发出一声惊呼。

唐僧顿时露出一丝苦笑，朝青梅无奈地说道：“这……贫僧也不知道发生了什么，眼睛就变成了这副样子，刚才只是有点火辣辣的，此刻却感觉眼睛像被火烧了一般，有些疼痛。”

“啊……”青梅立刻倒吸了一口凉气，惊讶地说道，“那可怎么办？山野之中，毒虫、毒蛇比较多，得赶紧治疗。”她面露难色。“这样吧！几位长老，我带你们去见国王，你们是远道而来的贵客，国王有许多御医，说不定能够治好唐长老的眼疾。”青梅露出笑容道。

悟空大喜道：“那真是太好了，多谢青梅姑娘，那我们快去找国王吧！”青梅瞧他急切的样子，掩嘴笑了两声，道：“好吧！几位长老请跟我来。”

青梅收拾了一番已经洗好的衣物，蹦蹦跳跳地上了石阶，转身朝几人招手："几位长老，你们快点走啊！"

碰到这么一个活泼俏皮的姑娘，能找到国王又能医好唐僧的眼疾，师徒几人原本有些烦闷的心情顿时好了起来，加快脚步跟了上去。

跟着青梅，师徒几人徒步了大概一个小时，才看到一座不算大的城池。一看到这座城，悟空便想起来他们来到的是女儿国。他问唐僧："师父，这国中全是女子，我们多有不便，何不另寻他国治病？"

"悟空，我眼有疾事小，扫毒事大，如此地有妖毒，我们便要将其扫清。如果此地无毒，我们便早早离开。"唐僧淡然笑着，双手合十，轻声说道。

悟空也是点了点头，跟着青梅继续赶路。

众人很快来到一座不算辉煌但十分漂亮的皇宫前，这里的建筑全采用粉红色，这种暖色调极其符合女性的审美。

此时唐僧眼睛的病情好像已经越发严重，眼眶

整整红了一圈，眼睛当中也是充满了血丝，整个人看起来好像是几天没有睡觉般憔悴。

“师父，您现在感觉眼睛怎么样？有没有不舒服？”沙僧问道。

“感觉眼睛很烫，有些发痒，有些困，想睡觉。”

悟空见状有些担忧，急忙道：“青梅姑娘，麻烦你尽快帮我们通报一声，我师父的症状已经很严重了，可耽搁不起。”

“我已经禀报给驻守皇宫的侍卫，此刻想必国王已经知晓几位远道而来的消息了。”青梅话音刚落，便见到宫门内有一个身穿甲胄的女将急速奔来。

“国王陛下有令，速速恭迎几位高僧进殿。”

随即有两队身穿甲胄的娘子军整齐排列在两旁，高声喊道：“恭迎高僧进殿。”

唐僧此时虽然身体不适，但还是赞赏地点点头，笑道：“还是同当年一样，女儿国的军士巾帼不让须眉。”

谢过青梅，师徒几人便跟随女将踏上台阶，走到殿门口。

还未进入宫殿，师徒几人便看到了顺着台阶走下来的女儿国国王。

师徒几人见到国王后，皆是一愣，如今已是许多年过去，新任国王居然和当年的国王一样温婉端庄。

她身上穿着由金丝编织、亮红丝绸裁剪成的长袍，头戴凤钗，面容白皙精致，举手投足间散发出一种常人难见的贵气。不过此时她的脸上，却是多了些激动和意外的表情，一双黑色的眼眸带着复杂的情感看向唐僧。

“阿弥陀佛，陛下安好？”唐僧见国王注视着他，不由得脸上一热，微微低下头。

“高……高僧好，快快请进！”国王声音微微有些颤抖，有点语无伦次，眼睛中似乎有晶莹的泪珠正在打转，脚下缓缓地向唐僧走来。

“陛下，贫僧此次登临贵地，一是为了扫毒，二是为了医治眼疾，并没有冒犯陛下的意思。”

国王听到唐僧患了眼疾，脸色微微一变，眉头一皱，一脸疑惑略显紧张地问道：“眼疾，什么眼疾？你不要离我那么远，走近些让我看看。”

“陛下……”唐僧自然不愿。国王无奈，迈起步子走向唐僧，仔仔细细看了两眼，皱起眉头，随后差人唤御医来看看。

“从前的国王不能把你留下，我如果治好你的眼疾，不信感动不了你。”现在的女儿国国王暗想。原来她和当年的国王一样，想把唐僧招为夫君。

“陛下，如果能治好贫僧的眼疾，那真是太感谢了。”

没多久，便有许多御医排成队上来为唐僧诊病。

不过这些御医的诊断结果全都是眼睛接触了异物，导致感染。但这里的医疗水平有限，她们找不出感染的源头。

“真是胡扯！你们这些庸医，一个小小的感染都对付不了，还当什么御医！”猪八戒一听，顿时大怒，跳起来大喊道。

御医们被八戒吓了一跳，身体纷纷颤抖不止。国王脸色一沉：“你们下去吧，去坊间发出悬赏，谁有方法可以治好御弟哥哥的眼疾，赏黄金百两。”

“我的妈呀！这国王可真舍得，为师父居然肯花这么多钱。”八戒又小声说道。

悟空一听，鄙夷地看了他一眼，小声喝道：“八戒，少说几句，小心国王不给医治。”

八戒一听，吐了吐舌头，用手把嘴捂住了，他也担心万一师父眼睛瞎了，麻烦可就大了。

国王又凑在唐僧跟前，一副体贴关心的样子，小声询问唐僧的病情。

可唐僧却永远只是闭着眼睛，偶尔回应几句，惹得国王露出遗憾的表情。

没想到女儿国的行政效率如此之高，悬赏发出去还没有半个时辰，便有人前来诊病。

悟空一看，来人是一个民妇打扮的普通人，手中捏着一个小瓶子，对国王拍胸脯保证，只要用这瓶眼药水立刻就能见效，半个时辰内眼疾绝对消失不见。国王一听大喜，立刻吩咐民妇用药。

几个徒弟在不远处目不转睛地看着。他们有些不敢相信，眼药水又不是仙丹，怎么可能这么快就起效。这边，民妇把瓶口对着唐僧的眼睛小心滴了几下。

滴了眼药水后，过了没多久，唐僧就感觉症状有所缓解，眼睛不再疼痛。国王看到唐僧的脸色变好，知道是眼药水起了效果。她心想，说不定唐僧会因为感激而答应留下来，心中不免有些憧憬，便问道：“高僧，医好了你的眼睛，你就留下来，不要扫毒了好不好？”国王的眼神中带着期盼，语气也是十分轻柔。

“好！”唐僧嘴巴微微张开，吐出一个字。

“啊！”国王有些吃惊，她脸上露出不可思议的表情，拉住唐僧的手，激动地追问道，“你真的答应我了吗？”

“真的！”唐僧继续回答，虽然他咬字清晰，可声音却不带有任何感情。

国王高兴极了，带着高兴又疑惑的表情，急忙道："你感觉有没有好一点，睁开眼睛让我看看好不好？"

"好！"话音一落，唐僧就照着国王的话睁开了双眼，直视前方，可他的眼中依旧布满了稠密的血丝，整个人无精打采，像一只木偶一样，看起来一点都没有好转。

就在此时，悟空和八戒见形势不妙，也坐不住了，忙推开护卫，冲了过来。

"妖女，你对我师父用了什么药？他为何如此听你的话，病情却没有一点好转？"悟空心急如焚。刚才唐僧和国王的交谈，他全都听到了，师父用了药之后就对国王百依百顺，按理说师父修行几百年，扫毒决心不可动摇，怎么会对这里的国王百依百顺，这实在是太奇怪了，一定是国王给师父灌了什么迷魂汤。

"啊！……我没有啊！"国王想要辩解，看了看民妇手中的眼药水，又看了看唐僧，一时间心中也慌乱无比。

“这眼药水肯定有古怪。”八戒生气地说。“把眼药水给我看看。”悟空沉声说道。接过眼药水后，悟空用鼻子嗅了嗅，又把瓶子上下晃动几次，然后拿出《毒品百科》翻看了好一会儿，才皱起眉头道：“怪我大意了，这根本不是什么眼药水，这就是一种叫作‘听话水’的新型毒品，受害者被下药后会无比听话，无论什么要求都不会拒绝。”

国王听后十分惊讶，一脸震惊，心里却又有一丝丝失落。如果把他们师徒四人都喷上“听话水”，他们就不会离开了。不过她转念一想，靠这“听话水”留下唐僧有什么意义呢？想到这儿，她正色道：“这怎么可能，本国怎么会有新型毒品，把那个民妇抓起来，问清楚这‘听话水’是哪里来的。”

随后几个护卫便将那民妇押了起来，民妇慌张无比，当即全部交代。

原来她就是一个吸毒者，因为实在没钱购买毒品了，身体正受到无比痛苦的折磨。走投无路之时，她看到国王的巨额悬赏，便怦然心动，于是跑去和毒贩商量弄来这“听话水”给唐僧治眼疾，常人只要一沾上“听话水”，便会失去意识，乖乖听话。民妇原以为国王只会问唐僧感觉眼睛好了没，唐僧在毒品的影响下肯定会点头，这样她便能拿到赏金，之后就可以逃之夭夭。不承想国王居然问唐僧是否愿意留下来陪伴她，事情一下就败露了。

国王听后无比震惊，在这个美丽而又淳朴的国家居然有人吸毒、贩毒，自己竟然一直被蒙在鼓里，长此以往，国将不国也。

“陛下，看来女儿国已经有大量新型毒品在流行，你得尽快解决这件事才行。”悟空见国王仍站在那里沉思，不由得上前提醒。

“嗯，我知道了，我这就下令即日起全国扫毒，严惩吸毒、贩毒者。”国王回过神来，斩钉截铁地说道。

“那俺老孙就放心了，希望贵国早日清除毒品，还贵国子民一片净土。”

“你就放心吧！这是攸关国家兴亡的事情，我

自不会有丝毫懈怠。只是唐长老的眼疾没有治好，我深感不安。”

“俺老孙回天宫向玉帝禀报情况，看太上老君有没有治眼病的仙丹。”说罢，悟空转身叮嘱沙僧、八戒一定要看好师父，随后一个纵身便飞到云端往天宫而去。

二师兄说的没错。
“听话水”真可怕，师父数百年的修行差点就给破了。
八戒，你和沙师弟照顾好师父，我去找太上老君要仙丹。
知道了，大师兄，你放心去吧。
我吃了仙丹，感觉好多了。
二师兄，新型毒品真是防不胜防。
师父，您的眼睛感觉怎么样？

毒品小百科

只要滴上几滴新型毒品“听话水”，就会让人马上昏迷、任人摆布，更可怕的是受害者醒来后对昏迷的过程是毫无记忆的。工作人员在实验室对“听话水”进行化验后发现，它含有“γ-羟基丁酸”，而“γ-羟基丁酸”是我国规定管制的精神药品，是毒品。

近年来，人们使用电子产品的时间越来越长，熬夜用眼的人也不在少数，造成了眼睛的极度疲劳不适。很多人在眼睛疲劳、干涩的时候会使用眼药水来缓解不适，但是大家一定要注意，上文所说的新型毒品“听话水”千万不能使用。它能够让人在短时间内昏睡并失忆，让人在不受自主意识支配的情况下遭受人身财产的损失。

我们应如何预防新型毒品“听话水”的侵害呢？

一、在日常生活中，当感觉眼睛有脏东西时，可使用人工泪液或生理盐水冲洗眼部，切记不能用含有致病性微生物的其他溶液。

二、当感觉眼干、眼涩、视物模糊时，如果

白眼珠不红，可通过热敷或熏蒸眼部、练习眨眼、使用人工泪液类的滴眼剂，或做眼部保健操等方法来缓解。

三、及时就诊，进行针对性治疗。若通过前面的方法无法缓解眼干、眼涩等症状，建议及时到医院就诊，查清具体的病因进行针对性治疗。

四、在复杂的场所要保持高度的警惕，看好自己的财物、饮料和食品。如果有人拿出不明液体滴入你的眼部，要第一时间大声呼救，迅速逃离现场并找到清水冲洗眼部，或打 120 求助。

五、拒绝网上购买“听话水”。当你沉浸在网络里得意忘形时，网络里的“毒眼”可能正在紧盯着你，犯罪分子可能会运用各种话术伺机诱骗你购买“听话水”自用或用来违法犯罪。不要以为网络购买难以追查，而抱有侥幸心理。天理昭昭，违法犯罪终将难逃法网。

第三章　猪八戒计破妖怪

话说唐僧四人眼看女儿国国王把毒贩一网打尽，不由得满心欢喜。师父服下太上老君新炼制的治病仙丹后，眼疾已无大碍，于是一行人告别国王，继续扫毒。国王虽有万般不舍，但看到新型毒品的危害之大，再不敢只顾儿女私情阻挠唐僧扫毒，于是备了大量干粮让他们带上，送了又送，才依依不舍返回王宫。

这日，四人来到一个村落旁，晚风夹带着原野的气息扑面袭来，劳累一天的村民正准备收拾农具归家。唐僧拉缰驻马道："看他们的装束，此地想必是西缅国了，你等问下他们可有化缘借宿之处。"

村民此时也发现了唐僧四人，纷纷往这边张望。待走得近时，村民的眼光落在八戒身上，他们指指点点、窃窃私语，眼神变得警惕起来。

这时，一头长着黑色鬃毛、尾巴细短、长着獠牙的野猪不知从什么地方冒了出来。它“喔喔”地叫着，到处乱拱，似在田埂上寻找食物。

悟空见此嘻嘻一笑道：“八戒，你看！你的子孙就在那里，还不赶紧过去打声招呼。”

八戒说：“猴哥，别取笑俺老猪了，这野猪怎么会是俺老猪的子孙呢？”

这时野猪离一行人越来越近，突然，它圆睁着双眼，凶狠地往人群中冲过去。村民顿时四处逃散，跑得慢的一个村民被野猪一拱，倒在地上，吓得赶紧抱着脑袋，紧贴在地上一动也不敢动。

野猪上前张嘴就咬，用猪蹄踩。那村民的衣袖都被咬烂了，只好在地上一边翻滚躲闪，一边用脚踢。正在这危急关头，八戒赶上前大喝一声：“赶紧给我滚开！”说来奇怪，野猪看了八戒一眼，居然低下头叫了两声就灰溜溜地走了。

获救的村民赶紧爬起来，他惊魂稍定，上前拱手向八戒致谢。八戒笑道：“你们不用谢了，只须让我们借宿一晚，天一亮我们便赶路前行。”

“这个好说，好说，我们被这野猪骚扰一年了，还想请各位高僧帮帮忙呢！”

唐僧诧异地问道：“您何出此言？”

村民叹了一口气道：“我们边走边谈吧！几位有所不知，附近有个猪妖国，猪妖王不知用什么妖术控制了众多猪妖，听命于他。

“起初，猪妖国对我们秋毫无犯，近几年来，这些猪妖带着还没成妖的野猪糟蹋我们的庄稼，弄得庄稼歉收，民不聊生。”

悟空听到村民那充满愤慨的语气，有点压抑，于是抓了抓耳朵道：“你们可以报官嘛！让官府治治他们。”

“报了官府，官府派人来看过，可是官府也奈何他们不得。”

八戒边听边走，不敢作声，心里却变得异常沉重，他害怕那猪妖王是自己当年在高老庄与高翠兰所生的儿子猪小戒。① 如果真的是猪小戒，他该如何面对儿子？他心乱如麻。不知不觉已经到了村民家里。四人拴马歇担，不久，村民就叫人端上了丰盛的特产。平时胃口大好的八戒此时只尝了几口，便闷闷不乐地走出饭厅。唐僧给悟空使了个眼色，悟空领会，便抓了几块地瓜跟着八戒走了出来。

其实，悟空也猜到了八戒的心思，若换作其他妖怪，八戒早就要去捉妖了。悟空平时虽然经常戏弄八戒，但碰到这件事情，这时也不知该说什么，心道还是让八戒自己解决吧！

两人在院子里走了一圈，谁也没有作声。良久，八戒才打破沉闷道："猴哥，你帮我和师父说一声，我想先去猪妖国探个究竟，再作决定。"悟空沉默了一会儿道："既然你意已决，自己注意安全，需要

---

① 猪小戒染上了毒瘾，又受到坏人的蛊惑离开家，因此猪八戒一路扫毒也是为了能找到他，详见《悟空奇幻禁毒记》。

老孙时就发个信号给我。”八戒点了点头。

八戒驾上云头，按村民指引的方向而去。此时，月亮逐渐升高，八戒借着月光，看到前面半山腰上有一座座屋舍，心想那就是猪妖国了。

八戒按落云头，本想直闯进去，突然听到屋舍内传来女子的笑声。八戒觉得奇怪，于是变作一只萤火虫，小心翼翼地飞近窗边偷看。只见矮个儿女子谄媚地说：“姐姐的‘忽悠悠’神药把猪妖王弄得魂不守舍，神魂颠倒啊！走起路来都摇摇晃晃。”另一个女子的长相和矮个儿女子差不多，只是个子高，她说道：“好妹妹，我们今晚趁热打铁，给他用上无色无味的新配方药，把猪妖国夺过来，以免夜长梦多。”

“那今晚就看妹子表现啦！”高个儿女子说完咯咯一笑，拉着矮个儿女子往门口走去。

八戒听后起了一身鸡皮疙瘩，他紧紧地跟在她们身后来到一间大屋外。

门前的二人敲响了屋门，八戒从打开的窗户

飞进屋内，落在柱子上。在昏黄的灯下，只见一只瘦弱的猪妖吸了一口烟，用充满寂寞、疲倦的眼神看向一个空盒子。他打了个哈欠，若有所思地看着门外。

“那个白婆娘不是说好了这个时候到吗？怎么还不见人影呢？”

“报，大王！”一个小猪妖兴冲冲地跑进来向坐在灯下的猪妖说道，“大、大王，门口白姑娘和她妹妹求见。”“哦，还不快请进来！”猪妖王精神一振，满脸喜色。

猪妖王站起来，整理了一下衣冠，又抹了一把脸，才回到虎皮太师椅上坐好。一会儿，小猪妖领着两个女子走了进来。猪妖王只觉眼前一亮，一对猪眼睛骨碌碌乱转。

那个高个儿女子见到猪妖王的窘态，嫣然一笑，噘起薄薄的嘴唇道：“大王，我把妹妹带过来了，你也不赐个座位，就让人家一直这样站着吗？”

“哦！哦！请坐！请坐！小的们，赶紧拿好吃的上来。”猪妖王脸色微红，有点语无伦次。“这才对嘛！你看我妹妹给你带了一瓶好酒过来。”高个儿女子说罢，使了个眼色给妹妹。妹妹会意，娇羞地说：“大王，小妹今天特意给你带来西域最好的美酒。”说罢，用纤纤玉指拿出一瓶酒，倒了满满的一杯，移着莲步送到了猪妖王的面前。

酒还没入口，酒香就先飘进了猪妖王的鼻子里，猪妖王激动地伸出瘦瘦的手接过酒杯，昂起头一饮而尽。

“好酒，好酒啊！”猪妖王一脸高兴，连声道。

矮个儿女子说：“大王，你都不知小妹多辛苦才弄到这瓶酒呢！”

猪妖王说：“哦！那要好好谢谢白妹子了，来，我敬你一杯。”

矮个儿女子说：“这是应该的，小妹敬你。”

不知不觉猪妖王喝了十几杯，他面红耳赤，已现醉意。突然当啷一声，猪妖王的酒杯掉在地上，人也倒在虎皮椅子上。“大王，大王，你醉了？”高个儿女子走上前一步，探下身子故作关心地问道。

“我……我没醉，我们继续喝。”“妹妹，还不快给大王倒酒。”说罢，高个儿女子对着妹妹眨了眨眼睛。妹妹会意，转身从小口袋里掏出一小包事先准备好的白色粉末倒在酒杯里，又用手指往酒里搅了几下，粉末都溶化了。这时，她才端起酒杯来到猪妖王跟前，扶起猪妖王道：“来，大王，喝完这杯，我就扶你进去休息。”

“好，喝……喝……喝完我们就去休息。哈哈！”猪妖王满嘴酒气，一双醉眼眯成一条缝，他伸手想去拿酒杯，手在空中乱抓，却拿不着。

八戒趴在柱子上瞧得清楚，猪妖王和他上次中毒时一样，眼前出现幻觉了，看到的物体仿佛会来回移动。“来，大王，我们喂你喝。”高个儿女子上前帮忙把酒杯送到了猪妖王的嘴边。猪妖王迷迷糊糊张开嘴正要喝下去，突然砰的一声，不知从什么地方飞来一粒石子，不偏不倚地打在酒杯上，发出一声清脆的响声，酒杯摔得粉碎，酒洒在地上冒出一股青烟。

“那是毒酒，她们是来害你的妖怪。”猪八戒一声大喝，他趁三个妖怪推杯换盏之时现出原形，用石子打落了猪妖王的酒杯，怒气冲冲地拿着九齿钉耙站在猪妖王面前。

八戒一路跟来这里，起初他怀疑猪妖王是猪小戒，然而八戒曾听翠兰说，猪小戒左手腕有三道疤痕，但眼前的猪妖王手上并没有疤痕。为了谨慎起见，他还是想进一步试探一下。

猪妖王听到响声，酒醒了大半，他抬头打量着眼前的猪八戒。“你是谁？你来这儿干什么？”猪妖王冷冷地问道。

“我是八戒，奉玉帝之命扫毒，你是谁，为何在这里残害百姓，胡作非为！”

“哈哈哈，原来你就是八戒，你有什么资格站在这里跟我说话，又凭什么来管我国的事！”八戒又问了几句，确定此猪妖王并非自己的儿子猪小戒，于是放下心来。但当着妖怪的面被猪妖王一阵奚落，八戒的脸已变成酱紫色。

“我此行就是为了扫除妖毒，你也快放下屠刀，立地成佛。这两个女妖想要谋害你，她们还想霸占你的王国，你最近是否感觉到法力不足呢？你现在用用法力，再走几步看看。”八戒此时还有恻隐之心，于是尽力劝道。

闻此，猪妖王将信将疑地调运法力，突感法力大不如从前，呼吸也有些困难，他又站起来走了几步，感觉身体有些摇晃，走不了直线。他不由得狐疑地看着姐妹俩。高个儿女子带着慌乱的语气赶紧道：“大王，别听他胡扯，你刚喝了酒才成这样的。”

猪妖王看着眼前楚楚动人的姐妹，想到自己好不容易建立起来的猪妖国，以及令他每天想念的“忽悠悠”神药，他害怕八戒要来抢夺他的位子，毁掉他一手创立的基业。想到这里，猪妖王厉声说道：“大王今天心情好，不想杀你，你快给我滚！”

八戒见此，知道再劝说也没用，只有先让这两个妖精现出原形，猪妖王才会相信他的话。想到这里，他也不再多说，举起九齿钉耙就对着高个儿女子狠狠地打下去。对方似乎早有防备，猛地一个转身避开八戒的九齿钉耙，然后从身上扯下一条白纱布就抛过来。那白纱布带着凌厉的劲风打向八戒的面部，八戒一见不敢小觑，赶紧一个后跃避开，纱布随后落在桌面的盘子上，砰的一声把盘子都打烂了。

八戒吓了一跳，原以为对方不过是刚修炼成人的小妖，现在看来倒是不能小看，他不敢懈怠，赶紧打起精神应战。二人你来我往，就在屋内厮杀起来，他们越打越激烈，把彩灯、屏风都打烂了。这时室内变得昏暗起来，八戒神通广大，四周一片漆黑也丝毫不影响他的发挥，他越战越勇，不久就把对方的势头压了下去。八戒得势后再不客气，看准时机一招秋风扫落叶，朝对方拦腰扫去，那妖怪来不及躲闪，哀嚎一声就被八戒拦腰扫断，一会儿就变作一具森森的白骨。

见此，猪妖王恶向胆边生，拿起兵器就对着猪八戒狠狠地打来，八戒起初下手还留有情面，奈何

猪妖王已经失去理智，招招直奔八戒的要害。这下彻底激怒了八戒，眼见猪妖王又是一招，八戒闪身避过，下手再不留情，反手就是一耙把猪妖王打死。随后，八戒四处搜寻矮个儿女子，却没找着。这时，门口传来一阵嘈杂声，一群小猪妖在门口探头探脑地往里面张望。八戒才从他们口中获知，矮个儿女子趁混乱之时早已逃之夭夭了。

八戒见此只好作罢，转头对小猪妖们说道：“你们不要再去危害百姓，如果有机遇可以让你们成仙，那也是你们的造化，你们愿意回归自然的，就地解散。如再做伤天害理之事，老猪我绝不轻饶。”那些小猪妖早就听过猪八戒的大名，哪敢造次，赶紧唯唯诺诺点头称是。

八戒随后驾上云头，回到村里，此时天色已明。八戒看到师父他们在门口等候，心里一暖，便详细地把猪妖国的事情说了出来。三人听完唏嘘不已，忙安慰八戒几句，没想到“忽悠悠”居然能让猪妖王失去理性，做出匪夷所思的事情。

“忽悠悠”毒品把猪妖王都忽悠了。
是啊！不法分子的毒招真是花样繁多。
八戒，这回你只身潜入猪妖国，打死了妖怪和猪妖王，立了大功啊！
不法分子善用花言巧语，加上毒品精美的外包装，真让人防不胜防啊。
一是别随便接受陌生人的饮料；二是在娱乐场所，视线尽量不要离开自己的水杯。
多谢猴哥夸奖，不妨教几招让俺防身。

毒品小百科

“忽悠悠”的主要成分为甲喹酮和麻黄碱，属混合类毒品，外观主要为白色药片状，也有胶囊状和粉状的。甲喹酮具有非常大的危害，服用一百五至五百毫克后，会出现头晕、颜面潮红、注意力难以集中、胸闷、恶心、烦躁不安、四肢麻木、幻觉、谵妄等症状。大剂量服用还会引起昏迷，甚至呼吸衰竭，并最终导致死亡。麻黄碱是一种兴奋中枢神经的物质。吸食者会出现走路轻飘飘、摇摇晃晃，像是喝醉了酒的情况，忽忽悠悠的，给人一种随时会倒地的感觉。故这种新型混合类毒品取名为“忽悠悠”。

与传统毒品不同，新型毒品“忽悠悠”更具有迷惑性，它以各种艳丽的外观吸引未成年人，又可混入各种食品饮料中让人不易觉察。因此，我们应该从个人、家庭等层面齐抓共管，共同防范善于伪装的“忽悠悠”毒品。

一、个人层面的预防

（一）不要听信网络或现实中熟人朋友的花言巧语，比如吸食“忽悠悠”可以缓解疲劳，治疗失眠，像喝酒一样，让人兴奋，不会上瘾之类的鬼话。要从思想上筑牢拒毒、防毒的意识，坚决守住防范毒品的底线。

（二）在娱乐场所要提高警惕。“忽悠悠”这种新型毒品多数出现在娱乐场所或所谓的高端聚

会中。不要在娱乐场所随意接受陌生人的饮料，不要被他人的热情所蒙蔽。娱乐放松要去正规的娱乐场所，而且视线不能离开自己的水杯，万一水杯离开了自己的视线，最好更换新的杯子与水。青少年朋友不要去忽悠别人，也不能中了别人的“忽悠悠”。

（三）外出交际要提前和家人打招呼，告诉家人去了什么地方，有哪些人参加聚会，什么时候结束。如果不能准时返回，要把发生的情况及时告诉家人，手机要随时保持畅通，或在手机上设置紧急联系人，万一感觉身体不适，应及时告诉家人或朋友接自己回家。

二、家庭、学校层面的预防

（一）在家庭层面：父母不应该仅关心孩子的学习成绩，还要多与孩子谈心，关心孩子的所思所想，做孩子的朋友，了解孩子交友、参加娱乐活动的情况，如果发现孩子有吸食毒品的情况应及时与学校老师沟通，或送专业医院进行毒品检测及治疗。

（二）在学校层面：学校应定期开展预防毒品知识宣传讲座，多采用黑板报、手抄报、情景剧等形式宣传毒品的危害，让青少年学生从小筑牢拒毒、防毒的意识。

第四章　运输“天使粉”的老鼠

唐僧师徒四人这日到达西富国幕尼小镇，唐僧骑在马上，遥望着前方，想着最近接二连三发生的事，不由得神情凝重。他不清楚前方的妖孽还会用什么更加离奇古怪的方式来祸害百姓。他看着路线图，隐约感到离牛魔王的魔窟越来越近。悟空似乎看出了师父的心事，带着他所惯有的自信语气安慰唐僧：“师父不必多虑，想那妖孽也没长三头六臂，我等小心行事便可。”唐僧想到高徒悟空遇事总能逢凶化吉，把事情处理好，便稍稍放心，眉头慢慢舒展开来。

这个小镇不好借宿，悟空连问几家，主人看到一行人有马都不愿借宿，最后才找到一个带有后院的房子，主人借给他们几间发霉的杂物间暂住。

主人家只给了些素菜素食和厨具，要他们自己做饭。三个徒弟分工合作，八戒和沙僧准备晚餐，悟空打扫房间。

“哎哟，痛死我了。”突然，八戒发出一声惨叫，他被一只肥硕的老鼠咬中脚踝。

见此，沙僧笑道：“师兄，老鼠都知道你身上油水多，你给它再喂点吃的，它就不咬你了。”

八戒气鼓鼓地道：“我才不干，要喂你来。”

沙僧见此，捡起几块碎面团丢过去。奇怪的是，这只老鼠似通人性，吃完面团竟然用双脚以滑稽凌乱的节奏在地板上跳动着，似乎用这种行为表达感激，讨好沙僧。“咦，师兄你快看，那老鼠还会跳舞呢！”

八戒越看越心惊，结结巴巴地道：“这好像是妖鼠，把它打死算了。”八戒说罢举耙打去。

“且慢，它看上去不像妖鼠，也不似普通的老鼠，其中必有古怪，我倒觉得像你上次中毒时的情形。”悟空刚好过来见到这奇怪的一幕，忙拦住八戒。

“我中毒怎么会这样？猴哥又在损我吧！”八戒嘟了嘟嘴，哼唧几声，露出很不高兴的样子。

悟空说：“你肯定不记得你自己中毒时的样子啦！你那丑样子呀……简直是没脸看。不信你问问沙师弟。”

八戒看向沙僧，期望老实的沙僧能帮忙反驳一下悟空，谁知沙僧却含笑不语。

悟空托着腮想了想，突然灵光一闪，主意就来了，他说：“我看不如这样，看它跳完往哪里爬，八戒你跟着去不就可以探个究竟了。”

“猴哥，还是你去吧，我可不会爬。再说了，这老鼠洞黑漆漆的，粪便、蟑螂啥玩意儿都有。”

悟空忍住笑道：“八戒，你刚才不是被它咬了一口吗？如果不搞清楚老鼠的窝在哪里，弄明白它为什么会变成这样，说不定它还会出来咬你呢！赶紧去吧！”“猴哥，还是你去吧！这活儿我真干不了。”

八戒装出一副难受的模样。悟空见八戒怎么说都说不动，不由得严肃地说："八戒，你确定不去？若是你的儿子猪小戒也在这个小镇，不去调查一番岂不是错过了父子重逢的机会！"八戒听到悟空提到猪小戒，心里一紧，他一路上都在留意打听猪小戒的信息，然而始终一无所获，他真的害怕小戒受到毒品的侵害，变得像猪妖王那样疯狂。所以，他立即决定去一探究竟。这时老鼠也跳完了舞，钻进了一个洞里。

八戒变成了一只小壁虎，尾随着老鼠入洞。

好不容易出了黑乎乎的老鼠洞，那只老鼠又钻进一个坟墓里，欢快地爬到一个腐烂的棺材上。八戒爬进去一看，只见那只老鼠正低着头，聚精会神地啃着一块骨头。八戒大惊，下意识地退了一步，他忍住想跑的冲动，继续观察着老鼠的举动。老鼠啃得差不多了，就坐在那里用爪子抓了几下嘴角，又在棺材上兴奋地跑来跑去，在骨头上爬上爬下，不时发出欢快兴奋的吱吱声。

八戒越看越觉得奇怪。就在此时，老鼠突然又疯狂地跳起舞来。这尸骨难道有什么古怪不成？八戒伸出舌尖舔了一口骨头。“这是毒品？”八戒经过几次中毒之后，对辨识毒品已经有了一定的经验。然而，咬尸骨为什么会让老鼠这么兴奋，他百思不得其解。

突然，坟墓外有说话的声音传来，好像坟墓外边来了什么人。八戒被吓了一大跳，赶紧爬出去一瞧。原来是一对夫妇手里提着菜，站在坟前说话。

男人道：“这坟头怎么突然有那么大的老鼠洞？”“是啊！这孩子也可怜，被毒品折磨得疯疯癫癫，死后还不得安宁。”女人叹了一口气接着道。

八戒恍然大悟。瘾君子死后，尸骨里头含有毒品成分，就连老鼠啃咬尸骨也能中毒上瘾，可见这毒性有多厉害！至此，真相似乎越来越明朗了。八戒越想越高兴，他正想转身回去向师父报告，然而想起那老鼠毒瘾发作的样子，又停了下来。这老鼠有如此大的毒瘾，恐怕不仅是啃咬尸骨染上毒瘾这么简单，应该还涉及其他原因。八戒好奇心上来，当然，他也想在师父面前显示下他的侦探能力，于是打起精神继续跟在老鼠后面。

只见这只老鼠快速地爬上一条电线，八戒看着摇摇晃晃的电线有点害怕，他壮了壮胆，硬着头皮跟了上去。不料，一会儿就看不到老鼠的踪影了。八戒正在懊恼，突然旁边传来了吱吱声。

八戒眼前一亮，扭头看去，发现那只老鼠出现在另一根电线上。八戒暗骂一声，突然他发现那只老鼠身上竟绑着什么东西，在夜色中，像是驼了背，不留心很难看出背上绑了东西。

可这是谁绑的？绑的又是什么呢？八戒的心里充满了疑问，让他惊奇不已。

八戒紧跟上去，只见老鼠爬到前面一栋房子外，在绿色窗纱的外面停了下来，用尖嘴咬了咬窗纱。有人用一只布满黑色斑点的手打开了纱窗，往窗台丢了几粒东西，老鼠顿时欢快地叫了几声，迅速上前吃了起来，那人顺势把老鼠抓了起来，随后快速地取下绑在它背上的东西，又从身后拿出一小沓钞票绑在它身上。

八戒爬到窗口一看，只见一个瘦弱的男子低着头，迫不及待地铺开一张锡纸，把从老鼠身上取下来的东西倒在锡纸上，随后急切地凑上前用鼻子吸了起来。片刻之后，男子便在房里手舞足蹈起来。

这下谜底彻底揭开了，原来是有人把老鼠抓来驯化，让老鼠沾上毒瘾后，在它们身上绑上小包毒品，让它们在城区建筑间穿梭往返，进行“快递”运毒。肮脏的老鼠一般人唯恐避之不及，谁也不会花心思去关注它们，如若不是机缘巧合，八戒不曾被老鼠咬伤，不曾发现它们的异常，也不会跟踪到底……这样神不知鬼不觉的手段也许永远不会有人发现，而受毒害的人岂不是越来越多？八戒愣在那里。

突然，一阵风袭来，八戒终于回过神来，他认为当务之急就是找到幕后的主使。八戒深吸一口气，打起精神继续跟踪。

老鼠吃饱后，飞快地往前爬去。八戒一路跟踪，累得气喘吁吁，然而，即便累得不行，八戒也不敢停下来休息片刻。

老鼠又爬过几处房舍，向一间隐蔽的地下室爬去。八戒紧跟其后，突然，一股强烈而刺鼻的气味迎面袭来，八戒被熏得差点现出原形。

八戒赶紧屏气，跟着老鼠爬进了地下室。他眯着眼开始仔细打量起这个巨大的地下室。地下室被分隔成几个房间，每个房间都标了字，有“驯化室”“PCP 制毒室”“PCP 实验室”“PCP 成品室”等。

八戒悄悄爬过去察看，每个房间都有妖怪在忙碌着，有的在训练老鼠，有的在制作五颜六色像糖果似的毒品，谁也不曾留意到他。此情此景让八戒气得火冒三丈：老猪一路上误吸了几次毒品，若不是观音、悟空相助，现在法力都可能消失了。现在制造的 PCP 又是什么厉害的毒品，今天绝不可轻易放过你们这些害人的妖精。

他正想现身进屋把毒品砸个稀烂时，却突然听

到了一个熟悉的声音。八戒强忍住火气，好奇地爬过去一瞧，只见一个花枝招展的女妖正对着一个小妖训话，说老鼠运输覆盖距离太短，要扩大配送距离，让他抓紧驯化老鼠。八戒听她的声音，又看了看她的侧脸，断定她就是上次从猪妖国逃走的那个妖怪。然而，她怎么会在这里？

八戒看到被训话的小妖耷拉着脑袋走开，眼珠一转心生一计，他爬到偏僻处看了看，见四下无人，念了一声“变”。八戒变成了刚才小妖的模样，他大摇大摆走过去敲门。“咦，你又有什么事？”女妖看了八戒一眼，不耐烦地问。“大王，我有一计可以扩大毒品生意。”八戒的声音也变得和小妖一样。“哦，你有何妙计？快说。”女妖听到八戒有妙计后声音瞬间温和起来。“我听说有个高人叫猪小戒，据说他已经掌握了牛魔王最新的制毒秘方，生产出了新产品，趁世界各国还没来得及把这种产品列入毒品目录，我们可以名正言顺地销售。”

“哈哈哈！”听到八戒的话，女妖竟然仰天大笑。八戒大感不妙，难道被她识破了自己的意图？八戒下意识地做好了应战的准备。“猪小戒，谁是猪小戒？老娘经营‘天使粉’这么多年，去世界各地联络销售毒品，从没听过什么猪小戒。”女妖露出满脸不悦。“是，大王。”八戒站在旁边低着头，装出一副害怕的样子，心里却暗暗高兴，看来猪小戒并没有踏足毒品界，否则凭这个妖怪的交际圈，不会不知道的。

“你站着干什么？抓紧督促研制新型毒品‘天使王粉’。‘天使粉’试验品初见成效，老鼠染上毒瘾之后也乖乖听话，如果能早日研制出能控制仙人头脑的‘天使王粉’，任你是猪八戒，还是孙猴子，都是蝼蚁。”

“是，大王威武，小的这就去办。”八戒正要退出时，敲门声突然响起。女妖道：“进来……怎么？你们两个……”原来真正的小妖去而复返。女妖望着眼前两个一模一样的小妖，眼睛瞪得大大的。

八戒眼见事已败露，且已探明情况，便不再隐瞒，趁女妖还没反应过来，现出原形拿起九齿钉耙就打了过去。女妖躲闪不及，被八戒不偏不倚地打在左腿上，那条纤纤长腿瞬间就断成了两截。女妖见逃走无望，于是装作一副可怜的样子道：“大爷，请你放小女子一马，他日定将厚报。”

“我呸！你这害人精，上次被你逃得一命，仍不知悔改，还在这里祸害百姓，这次怎可饶你！”说罢，八戒毫不犹豫地举耙狠狠打在妖精的脑袋上，那妖精挣扎了几下后便变成一堆白骨，八戒又上前狠狠地踢了她两脚方才解气。

八戒大喝一声，对着还没来得及逃走的众小妖便是一阵猛打。小妖岂是八戒的对手，瞬间便纷纷死在八戒的耙下。八戒又把实验室里的东西包括毒品统统毁掉，这才放心离去。

唐僧、悟空久久不见八戒回来，很是焦急。唐僧正要差悟空去察访时，却见八戒气喘吁吁地回来。唐僧慌了，忙问：“八戒可好？”八戒拍拍自己圆滚滚的大肚皮，好不得意地道：“师父、猴哥，你们放心，俺老猪好着呢！你们交给我的任务也已经办妥啦！”接着，他又添油加醋地把方才发生的事情说了一遍。沙僧在旁边听到连连称赞。悟空也给八戒点了个赞，八戒开心得忘乎所以。唐僧则在口中念念有词，庆幸八戒及时把“天使粉”销毁了，否则任由妖怪把“天使粉”撒向人间，不知又要制造多少人间悲剧。

不久，便传来了鸡鸣声，天刚拂晓，四人却毫无睡意，干脆收拾好行李，告别屋主。屋主获知唐僧四人的事迹后，再也不肯收住宿费，当是报答师徒四人对当地的善举。唐僧再三拜谢，带着徒儿在各个重要路口张贴宣传新型毒品“天使粉”危害的传单。随后四人挑担牵马，离开了这里。

累死俺老猪了。咦，感觉俺的肚子变小了？
呵呵，没小没小，二师兄一点没瘦。
八戒，我有轻松减肥药，你可想要？
!!
猴哥，又来耍我，那分明就是毒品苯环利定！
八戒，扫毒路上，妖孽毒计多端，忌躁、忌急、忌贪、忌浮，务必小心前行。
那是，我可是最帅、最聪明的天蓬元帅。
八戒，你这次跟踪妖怪可是有勇有谋啊。
关键时刻想到了好点子，八戒好样的。

毒品小百科

苯环利定（PCP），俗称“天使粉”，其化学合成方法简单，危害却很大。它原是一种兽用镇静剂，人体吸收后，会产生严重和长期的行为问题。所以，食用 PCP 后，因行为问题丧生的人数比因 PCP 本身毒性导致死亡的人数还要多。食用者有的因思维混乱、自控力太差而溺死在浅水滩中，有的因感觉迟钝、痛感消失又无力辨别方向而在完全可以逃生的火灾事件中被活活烧死，等等。

新型毒品“天使粉”难以辨别，化学合成方法简单，危害却很大，一旦沾染想要戒除毒瘾也非常困难。沾毒不但断送美好前程，让人虚度青春，还会滋生一系列毒品方面的犯罪，包括以毒养毒、以贩养吸等。因此，青少年朋友要提高预防新型毒品“天使粉”侵害的意识，及时关注警方发布的新型毒品的相关知识。同时在日常生活中要注意，不要参与来路不明物品的制造、买卖、储存、运输、邮寄、携带、使用、提供、处置等，以免一不小心被坏人利用，以自己未成年人的身份去运输、制造毒品。

此外，青少年要提高安全意识。面对人们不断提高的防范意识，毒贩的危害手段也在不断翻新，针对人群也悄然发生了变化。从对熟人、朋友下手，到对思想单纯的青少年下手。他们常常利用青少年的好奇心和天真，给予小恩小惠，运用花言巧语，逐渐让青少年朋友放松警惕，诱导其吸食放有“天使粉”等毒品的饮料。所以青少年朋友一定要警惕陌生人“好意施惠”递来的饮品等。遇到他们让你免费体验“新事物”的情况，千万别去尝试，说不定那里面就有让你失去美好人生的毒品。

第五章　唐僧要散伙

秋去冬来，唐僧师徒四人不畏艰难险阻，一路扫毒。这日，四人来到一片荒野，突然天降大雨，四人猝不及防被淋了一身。悟空看到师父浑身湿透、脸色苍白，焦急万分，跳至半空极目远眺，发现前方隐约有个小镇。悟空忙对师父道："前方似有人家，我们得快马加鞭。"唐僧点了点头道："白龙马也不容易，我们吆喝他快走便可，不要打他了。"

悟空照师父之意，上前吆喝一声，白龙马似懂悟空之意，便长嘶一声加速前行。果然，不到半个时辰，四人便见到一排屋舍，悟空一行人来到一处较大的院落，上前敲开门说明来意。屋主陈姓施主一见四人状况，眼露怜悯之色，忙迎四人进去拴马歇息。

四人一宿无话，悟空早上起身推开门一看，一股寒气扑面而来，不由得打了个冷战，眼前白茫茫一片，看来是下了整夜的雪。悟空突然心里一紧，心想，师父体质虚弱，怕是吃不消。他忙跑去探望师父，果然不出所料，只见唐僧斜躺在床上，一手揉着额头，身上披着厚厚的棉袄，嘴唇异常苍白，咳嗽不断。悟空见此，基本上可以判定师父得风寒感冒了。

唐僧一见悟空进来，便有气无力地说：“悟空，为师浑身酸痛、咳嗽、怕冷，非常难受。”悟空上前一摸师父的额头，吓了一跳，把手缩回来道：“师父，这可是高烧，得赶紧找个医生看看。”

悟空安慰师父几句，然后把师父得病的事告知八戒、沙僧。八戒睡眼惺忪地说：“我说猴哥，给师父几颗解毒仙丹不就行了嘛！”

悟空说：“八戒，你难道睡糊涂了，解毒仙丹是解毒品之毒的。”

陈施主获悉情况便道：“离这两公里有个乡镇卫生站，趁没下雪，你们赶紧带令师过去看看，别耽误了病情。”

悟空一听，吩咐沙僧留下清洗衣服、做好后勤，然后和八戒把师父扶上马小心翼翼地前行。尽管这样，八戒还是滑倒了几次，他看了师父几眼，不敢发半句牢骚。

好不容易到达简陋的乡镇卫生站，此时，唐僧已经咳得像要把肺咳出来似的。悟空看着穿着白大褂的女医生为唐僧量体温、把脉，急得抓耳挠腮。测完体温后，女医生眉头一皱，对悟空道：“令师发烧至 39℃，又咳嗽得厉害，我这只有止咳水，退烧冲剂用完了，你赶紧去别的医院看看，买来给令师服下，以免耽误病情。另外要记得，止咳水一次不能多喝，长期或大剂量服用会让病人产生快感和幻觉。况且这里的人体质特殊，止咳水里面盐酸麻黄碱的含量非常高，不是寻常的止咳药。”

悟空闻此，叫医生多开些药好备用。随后，悟空心急火燎地吩咐八戒，去药房拿到药之后即刻照顾师父回去休息、吃药，自己则去别的医院找退烧药。八戒连连点头。

悟空费了许多周折，连问了几家医院，结果这几天发烧的人太多，这几家医院的退烧药没货了。悟空只好一个筋斗翻到市区医院才找到退烧药。

当悟空迫不及待地赶回借宿地，推开门一看，不由得傻了眼，只见师父背着一个简单的行李包正要出门。

“师父，您这是要上哪儿？”悟空回过神来，慌忙问道。

“大师兄，你回来得正好，师父吩咐我把行李分成四份要回天宫呢！”沙僧追了上来道。这时，八戒嘴里咬着面包，屁颠屁颠地赶上来，说道：“师父要回天宫，我和沙僧都劝不住，要不然我们一起回天宫休整几天再来扫毒？”

“八戒，休得胡说。”悟空狠狠地瞪了八戒一眼。

“师父，冰天雪地您这是要上哪儿去啊？”悟空忙上前拦住师父道。唐僧抬头望着天宫的方向，脸上带着浓浓的失望之色，说道：“我们散了吧！为师要回天宫去。”

“师父，您忘记我们离开天宫时在玉帝面前的承诺了吗？现在扫毒就要胜利，岂能半途而废！”

“罢了，看来贫僧难担此大任，就此散伙吧！”

“师父，您回天宫，我回哪儿啊？我们还是继续扫毒吧！”八戒刚才只是以为师父累了，要回天宫休息几天才没有在意，现在看到唐僧灰心丧气，想到自己儿子也没找着，高翠兰深受毒害，便上前劝师父。

“八戒，看来这一路扫毒，你也变得有决心了！”悟空赞许地看了一眼八戒。

“俺老猪中了几次毒，早就想扫清毒品了，你现在才看出俺老猪的心思，你的火眼金睛怕是个摆设吧，哈哈。”

“八戒，休得耍嘴皮子，事出反常必有妖，师父绝不可能想散伙。”

“这儿怎么可能有妖，我寸步不离师父身边，不信你问下沙师弟。”

沙僧尴尬地站在那里，不知该怎么办，他想了许久也不知道为什么师父的想法有了这么大变化。这时他见悟空看着他，只好无奈地道：“大师兄，这事确实有些奇怪，我们也未曾离开师父半步，刚才师父喝水、喝药都是二师兄亲自喂的，不知为啥师父突然间就变成这样了。”

“难道师父烧糊涂了？”悟空上前摸了一下师父的额头，还是烫得厉害。这时，唐僧显得有些烦躁，他粗鲁地推开悟空的手，根本不理会悟空三人，骑上白龙马就要往外奔去。悟空蒙了，想再去阻拦又怕惹师父生气。

八戒见师父的态度如此坚决，感到有些愕然，想当初自己在取经路上多次提出散伙，师父都坚决不同意，今天师父却为何如此爽快地提出散伙呢？这到底是什么情况？八戒怎么也想不通。

沙僧也是满脸茫然，师父到底想什么呢?

“我们先追上去看看，师父上马时身体比较虚弱，怕有什么闪失。”悟空说完率先追了上去。

果然在前面四公里处，白龙马跃过水沟时，唐僧身子一晃从马上跌落。悟空早有准备，瞬间将金箍棒伸长，把师父牢牢接住，又轻轻地把师父放到地面上。

三人赶上前去，沙僧把师父扶了起来，忧心忡忡地问:“师父，您怎么样? ”

“我没事，就想回天宫休息。”唐僧目光呆滞，面无表情地回应。他对刚才差点摔下马来，似乎没有一点记忆。

“八戒，先扶师父回去吃药。”

屋主正准备清倒垃圾，这时见四人返回，脸上略显诧异。

“八戒，你赶紧倒些开水，把退烧冲剂给师父服下，对了，刚才开的止咳水给师父服了吗? ”

“早就全部喝完了，师父咳嗽现在也好多了! ”八戒得意扬扬地道。“我特意叫医生多开一点，留着以后备用，你居然全部给师父喝了，这是想害死师父吗？”悟空勃然大怒。

“大师兄，这不就是止咳水吗？都喝了有什么害处？”

“八戒，你知道这里面含有什么吗？”

八戒闻此，心里一惊，茫然地摇了摇头。

“它含有磷酸可待因，能引起中枢神经兴奋，强度大概为吗啡的四分之一，还有盐酸麻黄碱，有平喘、兴奋和麻醉作用，但属于精神药品，麻黄碱是制冰毒和摇头丸的原材料。”

悟空气愤地说：“当时女医生吩咐，这个止咳水不能长期或大剂量服用，否则就会产生快感和幻觉，况且制药商根据这里人的体质加大了盐酸麻黄碱的配量。你让师父大剂量喝下，师父能不产生幻觉，要求散伙吗？”

八戒闻此，低头不语，他面露愧色，后悔当时没认真听女医生的嘱咐，差点害了师父。

沙僧这时才恍然大悟，原来师父是因为中毒产生幻觉才要散伙的。他赶紧找出解毒仙丹和着退烧冲剂给师父服下。

良久，唐僧脸色恢复了正常，眼神也有了光彩。

“师父，您感觉怎么样？”悟空见师父状态好起来，欢喜地问道。

“悟空，为师舒服多了，你们这是在干什么？”唐僧看着分成四份的行李，不禁惊讶地问道。

“师父，您刚才要我们分行李，要散伙！”八戒说道。

“为师刚才头好疼，眼前出现了幻觉，现在也记不清自己刚才说了什么、做了什么。唉，说来真的是惭愧！悟净，你赶紧把行李收起来。”

“师父，这不能怪您，都怪八戒给您乱喝止咳水。八戒，你就不能长点记性？”说完，悟空狠狠地瞪了八戒一眼。

“阿弥陀佛！悟空，这也不能全怪八戒，可能是为师命里有此一劫。咳咳咳！！！”说完唐僧又咳起来。

“八戒，是药三分毒，用药要遵医嘱，万不可主观臆断。”悟空又告诫八戒。

八戒此时无地自容，恨不得有条地缝能钻进去。

唐僧服完药和仙丹，休息半天就无大碍了，悟空一颗悬着的心终于放了下来。

散了吧！
师父您怎么了？
师父您不要紧吧？
八戒，你给师父吃了什么？师父断然不会散伙的。
为了让师父早日康复，我把所有的止咳水都让他喝了。
你把备用的都让师父喝了，他能不中毒吗？
我又错了。

毒品小百科

止咳水的主要有效成分包括磷酸可待因、盐酸麻黄碱等。可待因是一种天然阿片类生物碱，广泛应用于止咳药领域，其药理作用与吗啡相似，长期大剂量服用可形成生理和心理依赖。无节制地服用止咳水，不但会对人体的肾脏、肝脏等器官造成损害，使之功能减退，使人出现内分泌紊乱、低钾血症、便秘、恶心、情绪不稳定、睡眠失调、呼吸停顿等症状，还会对脑神经系统造成损害，使人出现记忆力下降、反应迟钝、癫痫、神志失常、中毒性精神病等情况，甚至造成昏迷、心跳停止导致死亡等生理危害。所以，一旦止咳水滥用成瘾，它就不再是治病救人的良药，而成了害人害命的毒品。

咳嗽是一种常见的症状，多数人在感冒或过敏时都会咳嗽。但是，当咳嗽影响到日常生活时，就需要采取措施来缓解咳嗽。而止咳水就是一种常用的缓解咳嗽的药品。如何科学合理使用，预防喝止咳水成瘾呢？

一、在使用前，要仔细阅读药品说明书，了解药物的剂量和使用方法。

二、使用医用注射器或其他测量工具精确控制止咳水的服用剂量。

三、在服药期间不要饮用含酒精的饮料，因为酒精可能会与止咳水中的成分产生反应，影响药效。

四、在使用过程中，如有过敏、头晕、恶心

等不适症状，应立即停止使用并及时就医。

五、儿童、孕妇、哺乳期妇女和老年人应该在医生的建议下使用止咳水。同时，过敏体质、药物过敏、肝肾功能损害等人群也应该谨慎使用。注意不是所有类型的咳嗽都适合用止咳水缓解症状。如果咳嗽是由细菌感染引起的，则需要使用抗生素来治疗。

学校要加强青少年禁毒教育，让他们了解安全用药知识，提高药物滥用防范能力和禁毒意识。家长要切实负起责任，避免青少年朋友去一些特殊娱乐场所。一旦发现他们滥用药物，应及时劝告、制止。如果服用止咳水已经上瘾，一定要及时到医院进行治疗。

第六章　沙僧误吸“笑气”

唐僧一行四人晓行夜宿，这日到达蒙巾国，街上随处可见脸上蒙着白色纱巾的人。

八戒用硕大的鼻子闻了闻，一阵食物香气立刻钻进鼻孔里。八戒的喉结动了动，又想看看这些人摘下蒙面巾是什么样子，于是向师父提议：“一路劳累，不如找间大的饭店饱餐一顿，歇息一晚。”唐僧看了看风尘仆仆的弟子，点头欣然应允。八戒见状，忙殷勤地帮沙僧拴马歇担，随后乐呵呵地走进旁边的一家大饭店，只见饭店门口招牌上写着“欢乐大饭店”五个大字。

年轻的服务员见到四人愣了一下，随即热情地把他们迎了进去。

师徒四人点了素食，边吃边聊。“猴哥，你看周围食客的脸长得真像沙师弟，脸形也差不多，也是阴沉着脸。”八戒好奇地扫视完周围的客人，忍不住道。

悟空说：“师弟，你又瞎说，沙师弟笑起来比你还灿烂。”

这时，服务员过来微笑着道：“各位贵客，本饭店的特色是‘欢乐主题’，稍后大厅有精彩歌舞表演，还有专治不笑的搞笑活动，到时你们可以自行报名参加。”服务员说完没多久，大厅里就响起了悠扬的音乐，舞台工作人员开始忙碌起来。

片刻之后，主持人富有磁性的声音拉开了表演的序幕。一对年轻男女伴随着音乐表演了一段芭蕾舞。接着是演员表演吞刀绝活儿，博得阵阵掌声。“哼，这有什么稀罕的，想当年老猪在天宫做天蓬元帅时可以吞一头牛呢！”八戒看着喝彩的观众，露出不屑一顾的眼神。

“各位来宾，大家晚上好，欢迎光临欢乐大饭店，今天大家就放开乐一乐。我们出来玩，就是图开心，图快乐，不要整天紧绷着脸，有的人一辈子也没有怎么笑过，这样的人生有什么意义呢？下面我现场随机找二十位顾客上台，参加‘让你笑不停’娱乐活动。不管你想不想笑，不管你一辈子有没有笑过，吸了我的‘笑气’，今天都包你开怀大笑，赶紧抓住机会，名额有限，出了这个店，就没有这个活动了。”台上的主持人用充满激情的手势和语言鼓动着观众。

主持人的话音刚落，就有几个年轻人跃跃欲试。“咦！沙师弟你整天黑着脸，很少发笑，何不参加这个活动笑一笑呢！”八戒在旁边怂恿道。

“二师兄，你就别怂恿我上台了，你明知我不适合这样的场合，天生不爱笑。”沙僧淡淡地拒绝道。

“我的意思是让你这个不爱笑的人，上台参与活动，看看主持人是不是在吹牛呢！”

“是啊！沙师弟，无非就是上台站一站，你上去配合一下他们就是了，老孙在台下看看他们玩什么把戏，师父由我们照顾，你放心上去吧！”悟空这时也好奇起来，他天上地下什么事情没见识过，但就是还没听过顾客不想笑也能让他笑的活动呢。

沙僧见大师兄如此说，用犹豫不决的眼神看着师父。“徒儿，你就去吧！一路也辛苦了，权当放松一下吧！我有你大师兄他们照顾，不碍事。”唐僧心想既然到了异国，接触和体会当地的社会文化、风土人情，也是必不可少的功课，要敞开胸怀接纳不同的文化和习俗，才能感受异国的艺术。自己一路上严格要求徒儿，此刻，让他们笑一笑，也是一种放松。

“别磨蹭了！等下名额就要满了。”八戒扯了扯沙僧的衣角，见他还在犹豫，不由分说举起他的手臂。八戒嘴边露出一丝不易察觉的坏笑，他是想让木讷的沙师弟上去出出洋相，免得每次都是他老猪给人当笑料。“好，这位顾客举手了，你赶紧上来，人数刚好够了。”主持人指着沙僧道。沙僧脸露尴尬之色，却又不好再推辞，只好无奈地走上台去。

上台参加活动的二十个人被主持人安排成两排。沙僧排在第一排的中间。不久，主持人拿出一些充好气的七彩气球和一些银白色的小瓶子。主持人告诉他们可以吸气球里的气体，也可以吸小瓶子里的气体，笑得最开心的还可以获得神秘大礼包。主持人说完，就拿眼神示意他们开始。

主持人话音刚落，第一位男子便急不可耐地解开气球，一口气就把气球里的气吸了进去。大家都好奇地看着他。片刻之后，只见这个人嘴唇微微变紫，原本严肃的神情放松下来，站在那里不由自主地哈哈大笑起来。众人见此，纷纷窃窃私语道："这气体真的这么神奇、这么好玩，真的可以让人发笑啊！"

接着越来越多的人也开始吸气，有的人选择吸气球里的气体，有的人拿起银白色小瓶子吸起气来，吸完后都是不由自主地哈哈大笑。主持人不停在旁边煽动情绪，现场气氛越来越热烈，哈哈大笑声响彻整个大厅。唐僧三人看着这一幕不禁感到莫名其妙，这些人就好像突然间被点了笑穴，笑得越来越疯狂。

悟空、八戒这时都好奇地看着沙僧，只见他挑了一个最大的气球，又拿了两个小瓶子。沙僧心想，别人吸了能笑，如果自己吸了却不笑，那不就说明自己是异类了，于是他决定多吸一些气体。“你看，这位大哥准备一起体验，大家为他加油，让我们一起努力，把你们的笑声传遍全世界，我们还计划在全世界建立一万多所欢笑疗养院。”主持人豪情万丈地鼓动着。

沙僧吸完气球和瓶子里的气体后，似乎听到心脏传来一阵杂乱的噪声，但是很快他就听不见声音了。他感到仿佛有一股冰冷的气流进入肺内，进入血管。这些气体中的成分被血液输送到身体各部位，最后进入大脑。沙僧觉得身体越来越放松，他眼前浮现出许多怪异搞笑的模糊人影，有的人露出一颗牙齿，有的人在向他挤眉弄眼，有的人在向他做着各种鬼脸，还有天神和妖怪在他眼前欢快地飘来飘去。他再也忍不住，“哈哈哈”地傻笑起来。

见状，八戒也忍不住哈哈大笑起来。就连唐僧也被这里的氛围感染了，嘴角边露出了微笑。整个大厅里的人都毫无顾忌地哈哈大笑。

悟空看着这一幕，起初也感到好笑，但看着他们发出越来越荒唐离奇的怪笑，心里不禁纳闷起来，他们的笑好像不是发自内心、自然产生的笑，然而究竟有什么不对，他又看不出什么门道。

正在这时，啪的一声，突然停电了，大厅里一片漆黑，主持人的声音也消失了。黑暗里传来了一个苍老妇人凄然的笑声，她的声音似哭似笑，听起来让人毛骨悚然。悟空不由得警惕起来。这时，身边传来慌乱的脚步声，悟空发现人群开始慌乱起来，有的人在搬动椅子，有的人在摸索着拿行李。悟空见情势不妙，吩咐八戒照顾好师父，他警觉地关注着事态的发展。

正在这时，黑暗里那苍老妇人的声音突然变得尖厉起来。“安静，安静，大家听我讲几句。”话音刚落，大厅里的灯好像不约而同似的又全亮了。台上出现了一个白发苍苍的妇人，双手推着一辆轮椅，轮椅上坐着一个穿白色衬衣，低垂着头，头发凌乱不堪，表情呆滞的年轻女子。

“你是谁，你来这里干什么？”主持人惊愕地看着妇人道。

“我是谁，来这里干什么？哈哈哈！”妇人又发出一阵凄然的大笑。“看来这电也是你关的，你是故意来捣乱的吧！你赶紧给我下去。”主持人怒目圆睁，愤怒地说。

“怎么啦！看来你是做贼心虚，我今儿把话挑明了吧！我就是来找你算账的。”妇人向前朝主持人走了一步，脸涨得通红，怒不可遏地说道。

“你是谁，我根本不认识你，你疯了吧？”主持人高声喝道。“哼，我还没有疯，我女儿倒被你们害疯了，害瘫痪了。”说罢，那妇人拿出一个黑色袋子打开，顺势往地面上一倒，随着“哗啦啦”一阵杂乱的声音，地上掉满了和主持人刚才拿出来的一模一样的银白色小瓶子。

“你……你这是干什么？”主持人看着散落满地的瓶子，心里一虚，声音软了下来，不由得后退了一步。“哼，骗够了吧！我女儿就是被你所谓的‘笑气’害成这样的，你睁开眼睛看看。”说罢，妇人用手抹了抹眼泪。“你们看，我女儿吸了他们一年的‘笑气’，现在神志不清、视物模糊、听力丧失、经常眩晕、交流困难。最近胸肌都萎缩了，手脚麻痹，双脚都走不了路，每天要我这个老人服侍。你还说什么‘笑气’能缓解压力，让人神清气爽，能治病。这都是骗人的鬼话，你就是骗钱的。我女儿这一年买‘笑气’花了五万元，结果变成了个残疾人，生不如死。各位，你们不要再被他蒙骗了。”妇人说到后面已是声泪俱下，异常激动。

“大家不要相信这个疯婆子，她在这里瞎说，我根本不认识她，她肯定是受人唆使过来捣乱的，你看刚吸了‘笑气’的人，这不还在哈哈大笑，那么开心，她这是在诬蔑我。”主持人话音刚落，台上便传来“咚”的一声，刚才还在哈哈大笑的一个穿黑衣的年轻男子一头栽倒在地上。

人们发出一阵惊呼，主持人脸色一变道：“他这是心脏病发作，关我啥事！其他人都没事啊！”话还没说完，吸了“笑气”的其他人也相继倒下去，嘴里流出白沫，嘴巴张成“O”字形，似乎还想努力发笑，表情怪诞。大家再次发出惊叫声，人群开始骚动。有的人就冲上前把他们扶起来，大厅变得混乱起来。

“让大家认清你的狼子野心，”妇人厉声说着，“我女儿被‘笑气’害得小便失禁了，各位，快清醒清醒吧！不要去信这人的花言巧语，‘笑气’虽然不是新型毒品，但毒性可能比新型毒品还要厉害啊！”妇人说完冷笑一声，俯下身子抱着女儿痛哭起来。她女儿却一直面无表情地坐在轮椅上，目光呆滞，任她母亲怎样痛哭，她就是呆呆地看着主持人，好像眼前发生的一切与她没有任何关系一样。

悟空趁机把沙僧扶起来，只见沙僧嘴唇发紫，嘴角一动一动的，还想发笑，手脚却开始变得冰冷。

悟空帮沙僧按了按人中穴，又翻开眼皮看了看，发现瞳孔没什么异常，方放下心来，又帮他按了按手脚的穴位，看他脸色慢慢变回红润，这才喂了他一颗解毒仙丹。

良久，沙僧悠悠醒来。唐僧过来问：“悟空，悟净没事吧？”

悟空说：“师父，您放心，沙师弟不碍事，他是急性中毒，这些毒品真的花样繁多，让人防不胜防啊！”

“你不要走，你要赔我女儿。”突然，那妇人发出一阵声嘶力竭的哭喊。原来主持人见势不妙拔腿就跑，那妇人瞄见，赶紧跑过去死死抱住他的腿。主持人挣扎了几下就是甩不开，愤怒地蹲下来使劲扳她的手，那妇人也不松手，把他的腿抱得死死的。

悟空见状，叫八戒照看好沙僧、师父。他一个箭步跑过去把主持人摁倒在地，“你还想逃？赶紧把他们都送医院治好，老孙可以饶你不死。”

“哎哟，哎哟，孙爷爷饶命，你轻点，我负责任就是。”

“哼，接下来还要看你的态度！你说，这些玩意儿从哪儿来的，你们为什么到处搞这种‘笑气’疗养宣传？”

“具体我也不太清楚啊！是牛魔王控制的公司生产的新型保健品，我只是负责宣传，赚点提成，我哪知这东西对人体危害这么大啊！”

“那好，这笔账就记在牛魔王身上，到时我找他算总账。”悟空说着，从身上掏出一颗黑乎乎的药丸，“你把这颗毒药丸吃了，解药我放在那妇人那里，你把这些中毒的人都治好了，那妇人自然就会把解药给你。我告诉你这毒药丸三个月后毒性便会发作，三个月没治好他们的毒，到时你毒性发作可别怪我。”悟空说完把药丸往他嘴里一塞，然后一拍他的后背。主持人还来不及反应就吞下去了。“大圣，这药怎么这么苦？”主持人苦着脸问道。

“嘻嘻，苦就对了，让你也尝尝被人下毒的滋味！”主持人吓得脸色苍白，瘫坐在地上。随后，

悟空拉起妇人走到一边，又拿出一颗药丸交到她手上，耳语一番。妇人破涕为笑，连连点头。主持人见此，只好乖乖地安排人员送受害者去医院治疗。

八戒走到悟空跟前问道：“猴哥，给他们几颗解毒仙丹不就好了吗？”

“八戒，你有所不知，既然是仙丹，最好是给神仙服用，凡人服下去说不定会产生副作用，现在他们中毒不深，及时送医就可解毒，不必冒风险。”

八戒恍然大悟，随后又一脸坏笑地追问道：“我说猴哥，你给主持人吃的那颗‘毒药丸’是苦麦面团吧，老猪隔那么远都能闻到苦味。”悟空笑了笑，压低声音道：“大猪鼻子挺管用的嘛！你先照顾好师父他们，我变作蜜蜂跟着他们走一段路看看，如果那个主持人敢给老孙耍什么花招，我定不轻饶他。”

八戒点点头，把师父扶上马，然后扶着沙僧返回住处。

真好玩，想不到沙师弟笑起来这么可爱。
唉！这次我真的出丑了。
是啊，我在笑，但心里并不觉得好笑。
沙师弟，我觉得你笑得很勉强。
对啊！我们看到你并不是由衷地发笑。
哦，那还是得小心啊。
它虽没被列为毒品，但属于危险化学品，不容小觑。
八戒，看来你也长进了。

毒品小百科

“笑气”的化学名称为一氧化二氮（N_2O），它是一种无色有甜味的气体，是一种氧化剂，在一定条件下能支持燃烧，在室温下稳定，有轻微的麻醉作用，长期使用会让人四肢僵硬、神志不清，造成终身残疾。

温馨小提示

实际上吸食“笑气”并不会让人真正发笑，只是令人脸部肌肉失控，看上去像是露出诡异的笑容。在我国，“笑气”已被列入《危险化学品目录（2015 版）》。目前，青少年群体中有人因吸食“笑气”而造成身体的损害或精神失常等。对吸食“笑气”，公安机关将进行查处。那么，我们青少年如何预防“笑气”的侵害呢？

一、意识到“笑气”虽不是毒品，却胜似毒品。“笑气”可消耗人体内的维生素 B12，抑制红细胞生成，连续吸食“笑气”3~4 天会引起贫血、白细胞和血小板减少。连续吸食还会引起缺氧，如果身体器官长期缺氧会引发器官功能障碍，大脑长时间缺氧还会引起昏迷，甚至死亡。长期吸食“笑气”可能会出现精神症状，如出现幻觉或失忆。育龄期的女性长期吸食“笑气”可能会影响受孕，妊娠期妇女吸食后甚至可能导致胎儿畸形。

二、多了解与“笑气”相关的危险物品。有的不法分子为了逃避打击，更换了“笑气”的名称，改用“奶油气弹”或“奶油枪”等名称。我们青少年朋友一定要擦亮眼睛，提高警惕。

三、认识到“笑气”并不能让你拥有发自内心的愉悦，所以“笑气”注定让你在勉强笑过之后面临更多的烦恼，甚至是死亡。我们都知道幸福和快乐是源自内心的。我们要正确地看待事物，时刻保持平常、乐观的心态，这样才会永远带给自己快乐。

四、学会自我心理调节。我们在学习和生活中不可避免会碰到许多困难与挫折，受到一些问题的困扰。因此，学习科学的自我心理调节方法很有必要。要善于学习，善于在生活中寻找乐趣，善于排解不良情绪，比如可以采用笑疗法、话疗法、扩大正能量朋友圈法、宽容法。当然，碰到严重的心理问题时，还可以找专业心理咨询师解决心理困惑。

第七章　八戒买“邮票”

这日天气阴沉，唐僧师徒四人到达斯坦国的一个城市，只见卡通漫画贴满临街商铺，一对对青年男女手捧着鲜花，手挽着手，谈笑风生。有的姑娘好奇地往八戒脸上瞧了几眼，便用手掩着嘴嘻嘻笑几声赶紧走开了。

“我说猴哥，俺老猪在这里很受关注，如果把禁毒宣传标语贴在我身上，我在城市里走上一圈，产生的禁毒宣传效果肯定不一般。”八戒凑到悟空跟前，手舞足蹈地说道。

“那敢情好啊！八戒你的觉悟越来越高了嘛！”悟空被八戒的情绪感染了，欢喜地说。

“牛魔王制造新型毒品的花样越来越多，让人很难识别，一不小心就会中招，悟净身中‘笑气’之毒，谁能预料啊！”唐僧看着八戒得意忘形的样子，忙提醒八戒。

八戒嘟了嘟嘴，不再作声，看着眼前的情景，他脑海里突然闪出了高翠兰的样子。

“也不知道翠兰现在怎样了。出来扫毒时间不短了，不知她有没有成功戒断毒瘾，自己一路上见到了那么多新型毒品，学习了那么多毒品知识，是时候把这些毒品的真相告诉她了。马上要到牛魔王的魔窟了，也不知牛魔王还有什么新奇歹毒的毒品没有亮出来，这肯定是一场恶战，而自己还未完成找回儿子的夙愿，该好好和她谈谈了，但如何告诉她呢？”他心烦意乱地走着。

突然，他看到不远处有一家小店，破旧的招牌上写着“杂货店”三个字，他突然想到可以写封信给翠兰。

想到这里，八戒便道：“师父，你们先行几步，俺去店家借个卫生间用用就回。”“咦，八戒，是不是闻到什么好吃的，要吃独食？”悟空笑嘻嘻地看着他道。八戒装作尿急的样子说道：“猴哥，俺老猪有什么好吃的都不会忘记你啦。不跟你多说了，俺去去就回。”说罢一溜烟儿跑向道旁的小巷，回头看到悟空他们并没留意他，这才折回店里买了邮票和信纸、信封，喜滋滋地揣在怀里，追了上去。

不久，悟空带着大家找到一家简陋的旅店，四人各自休息。八戒看着窗外阴沉的天空，内心的情感像潮水一样奔腾着。他迫不及待地打开信纸，拿起笔，却又停了下来，刚才明明想好了要说的话，此时却不知从何说起。

八戒叹了一口气，望着窗外出神，阴暗的天空不知何时淅淅沥沥地下起了雨。坐了一会儿，几滴大雨滴从窗外被风吹进来，打在八戒的脸上。八戒用手一抹，回过神来，雨越来越大，看情形短时间停不下来，他彻底打消了外出的心思，无奈地关上窗户，拉上窗帘，重新理了理思路，动笔写了起来。

翠兰：

见字如晤，自与你辞别，时光如白驹过隙般在不经意间滑过，每过一天，俺老猪对你的思念就加深一分。如今，俺终于在这寂静的秋夜里，掏空了肠子，给你写下这封信，聊表相思。

近来可好？我多么希望你已经走出那片黑暗，回归正常的生活，恢复原先那光彩照人的模样，脸上有发自内心的微笑，充满自信、无忧无虑地过好每一天。

翠兰，俺闭上眼睛，总会想起你染上毒瘾的样子。俺心痛万分，是俺没照顾好你们。俺老猪相信，你一定能够走出毒品的泥潭，怀孕的苦痛你都忍受过来了，还有什么苦难不能战胜？

这次扫毒一路走来，俺见过了太多太多因为毒品妻离子散、家破人亡、家财散尽、如同行尸走肉的人。

越是看得多了，我就越痛恨毒品，我恨不得一下子将这害人的东西从世上扫除干净，我们就快要到牛魔王的毒窝了，我想……这一次，我们一定要拼尽所有的力气捣毁毒窝，让毒品在人世间烟消云散。让所有人都能放心地生活、愉快地生活。

每当我看见那些风华正茂的青年因吸食毒品而变得骨瘦如柴、精神萎靡、涕泪长流、趴地打滚，获悉他们因吸毒而倾家荡产、家破人亡，甚至付出了生命的代价时，我总是百思不得其解：“他们为什么吸毒？”

后来，我明白了，走上吸毒之路有各种各样的原因：有的是受人欺骗，为了“治病”；有的是长期紧张，进行高强度脑力劳动，精神难以承受，而借助于毒品“消除疲劳”；也有的是为了解脱痛苦，像丧偶、失恋、生活遇到挫折，用毒品求得“解脱”……久而久之，便有了依赖性，不知不觉成了瘾君子，跌进茫茫毒海，无法自拔，忍受非人的痛苦和折磨。

我眼睁睁看着一个又一个鲜活的生命从盛开走向枯萎，这着实令我万分痛心，更让我深刻认识了毒魔的真实面目。

许多人特别是涉世未深的年轻人被好奇心推向罪恶和毁灭，许多人因为对毒品好奇，往往不惜以身试毒，走上变态、罪恶的人生道路。

我清楚记得，在西泰国有一对夫妻与我们的遭遇颇为相似。妻子贤惠能干，8 岁的儿子活泼可爱，丈夫自己跑业务。在夫妻共同努力下，一家生活越过越好。然而，因为丈夫沾上了赌博，后来又沾上了毒瘾，把美好的家庭葬送了。他跑业务时，听从旁人的拉拢靠赌博来消磨时间。开始，他也只是“小赌怡情”，但随着时间的流逝，他的赌瘾越来越大，“小意思”也慢慢地变成“大出手”。鬼迷心窍的他幻想靠赌博发大财，想不到一下子就输掉了家里的积蓄。他沮丧、烦躁，仿佛掉进了痛苦的深渊。

为了摆脱赌博输钱后的恼怒，他像一只无头的苍蝇四处乱窜。后来，听朋友们讲“何以解忧，唯有白粉”。凭着一股好奇心，他抱着“试试看”的心理，第一次吸食了海洛因。不吸则罢，一吸就无

法摆脱毒魔的纠缠了。

他慢慢地就上瘾了。他在痛苦里惊醒，意识到这样吸下去就是死路一条。于是，便自己到市区的药店里买来了“断瘾丸”戒毒，但是，连续戒了十多次，他还是无法抵制毒魔的诱惑，而且毒瘾越来越大。

因为吸毒需要大量的金钱，他只好到处骗亲人、骗朋友去筹钱吸毒，骗来的钱都在毒雾中飘散了。

他在外面偷偷地吸食“白粉”，一直瞒着父母和妻子。贤惠的妻子最终察觉行为诡秘的他是在“吸白粉”，震惊之余，便把事实真相告诉了他的父母。

然而，这时的他就是一个恶魔，已经成了一名真正的瘾君子而不能自拔。他的内心感到无助、空虚，没有任何的希望，眼里只有毒品。他变得骨瘦如柴，连大小便也失禁了。年迈的双亲痛哭流涕，跪在他的面前，希望他好好戒毒，重新做人。父母甚至哭着对他道：“如果可以，我们愿意用生命换取你戒除毒瘾。”

然而，父母的痛哭也没有唤醒他。

这个原本十分美满、富足的家庭已经是倾家荡产、负债累累了，那天他向父母妻子伸手要毒资，父母手中只有几百元买药的钱了，他也毫无人性地抢了过来，当父母追过去时，他居然丧心病狂地拿起棍子对着父母打了下去，旁边妻子、孩子的凄惨哭声也未能唤醒他的良知。

他拿着带血的钱去买毒品，最后因吸食过量而倒毙在垃圾堆旁边，身上发出恶臭。

普通人也许不知道吸毒后的感受，我误吸过几次，经受过那种刻骨铭心的痛苦，幸好有悟空相助、仙法护身及坚强的意志才从毒魔的控制中脱身。

毒品会给人的肉体和精神造成伤害，导致心瘾和毒瘾相互缠绕、交织与渗透，像毒藤一样蔓延，无孔不入，牢牢控制着人的意志，不断地摧毁人的信念与决心。

所以，如果你还在毒海里沉迷的话，老猪在这里希望你通过自己强大的意志力，为了孩子，为了我们将来共享天伦之乐，把毒瘾戒了。你要用尽一切办法，努力去控制自己内心的欲望和身体的渴求，只要自己有了强大的原动力和坚定的执行力，一定可以把毒瘾戒掉，千万别信吸毒可以美容、吸毒可以减肥的妖言。

踏上扫毒之路以来，我们师徒四人风餐露宿，不惧雨雪，遇到的魑魅魍魉数不胜数。

老猪我大长了见识。如今我们很快就要到达牛魔王的地盘了，也意味着越来越危险了。然而为了人类的幸福，为了万千家庭的团圆，为了减少人间的悲剧，也为了我们能早日相聚，老猪不惧怕任何挑战。

我尽说一些不好的事了，现在我也告诉你一条好消息——小戒并没有走上制毒贩毒的罪恶之路。不过，我还没有找到他。小戒走到今天，我具有不可推卸的责任，我给他的父爱太少了。当然，他没有走上犯罪之路，这就是最好的消息，我相信只要我们为人父母的以身作则，给孩子树立好榜样，他肯定会回到我们的身边。我如果见到他，定会带着他一起去看你。

翠兰，面对强大的牛魔王，我想再次跟你说一声，你把毒瘾戒掉就是对我最大的鼓励，也是对儿子最好的言传身教，老猪我很快就可以扫除牛魔王毒窝，期待早日与你相聚。就此搁笔。

夫君八戒书

窗外大雨已停，八戒也写完了家书。此刻，他的眼睛微微湿润了。他用力揉了揉眼睛，又把家书读了几遍，在有些地方稍做修改后，便小心翼翼地拿出刚才买的邮票。八戒心想，这里离翠兰住的地方路途遥远，掐指一算应该贴 5 张邮票，虽然这里的邮票很贵，但为了能让翠兰顺利地收到信，八戒还是舍得多贴几张的。

他一丝不苟地拿过邮票，用舌头舔了舔邮票的背面，把邮票端端正正地贴在信封上，贴到第五张时，他突然感觉舌头、嘴唇开始发麻，接着视线也变得有点模糊不清，他抬头看了下窗户，眼前的窗户出现了重影。他有点惊慌，抬头看了看灯泡，灯光有点刺眼。

八戒自言自语了几句，又用手揉了揉眼睛，再看写的信也看不清楚了。他开始慌乱，脑袋一阵眩晕，他想打开窗户，但用手摸了几次就是摸不到拉手，难道拉手还会移动？又或有什么神仙、怪物故意要和老猪开玩笑？八戒心里变得害怕起来，他想喊悟空，但喉咙里好像被什么东西堵住了，喊不出来。

他待了一会儿，感觉自己似乎在长高，他要变成巨猪了，变成一头高大无比的巨无霸猪，就好像悟空的金箍棒一样越变越高，他的头好像快要撑破楼板了，他用手去摸，却又摸不着自己的头。他越来越害怕。不久，手脚也轻飘飘的，浑身没什么力气，身体也轻飘飘的，眼皮越来越重，好像有一团巨大的黑暗在向他扑过来。他浑身都在颤抖，猛然间，他脑子里闪过了一个可怕的念头：“中毒了，赶紧找猴哥救命要紧。”

他迷迷糊糊地在房里乱窜、乱顶、侧翻、倒翻，就像航天员在失重舱里训练一样，不知怎样才能找到出口。不久，脑袋一阵剧痛，他扑通一声倒在地上，不省人事。

“八戒，你怎么了？”原来悟空听到八戒房间中传来的声响便过来看看，不料刚走到门口就听到房间里传来一声闷响，他赶紧推开门一看，八戒已经四脚朝天倒在地上，嘴唇发黑，口里吐出了白沫。

悟空心里一惊，把了八戒的脉，摸到还有跳动的迹象，才稍安心。悟空把八戒抱到床上，解开八戒的上衣，打开窗户，喂他几口水，又掏出解毒仙丹喂他吞下。

这时唐僧和沙僧闻讯也赶了过来，不断呼唤八戒的名字，只见八戒脸色苍白，一动不动地躺在床上。

过了一段时间，八戒的手才微微动了一下，然后慢慢睁开眼睛，奇怪地看着悟空道：“猴哥，我刚才怎么了？”

“八戒，你刚才可吓人了，倒在地上一动不动，究竟怎么回事？难道你又吃错什么东西了吗？”

“我哪有吃什么东西啊！老猪的肚子都饿着呢！”

“你进房间时还好好的……那你进来接触过什么东西没有？”

“难道是邮票？”八戒一拍脑袋。说起邮票，八戒不由得脸上一热，望了桌上一眼，看到信封还好好地放在桌面上，他想挣扎着爬起来把信封藏好，浑身却又没什么力气。

悟空这时拿起信封，对着八戒还没贴完的“邮票”端详了半天，说道：“八戒，你这‘邮票’看来有些古怪，你是不是把‘邮票’放进嘴里蘸口水了？”“是啊！猴哥！这不是想着告诉俺媳妇一个好消息嘛！猪小戒没有走上制毒贩毒之路，我让她安心把毒戒了，好一家团聚嘛！”八戒说完脸上一热，把头扭到一边，有点不好意思起来。

唐僧三人被八戒突然变得腼腆的表情给逗笑了。

“八戒，这不是真的‘邮票’，你这是从哪儿弄来的啊？”悟空的表情变得严肃起来。

“猴哥，我这是刚从街边的杂货店里买的啊！我不想让你们知道俺老猪给翠兰写信的事，所以骗你们说去小便。店主拿这些邮票给我时，还鬼鬼祟祟的，我还寻思这外国的邮票虽然贵，但漂亮，做工精美，应该多买几张回去送人呢！”八戒听到悟空的语气，转过头看到悟空的表情，隐隐约约感到买的这些邮票有问题，于是也不隐瞒，便把事情的来龙去脉说了出来。

“八戒，这是毒邮票，也是新型毒品的一种！你这是上当了，差点就出大事了，你看《毒品百科》写着，这种‘邮票’的毒性是摇头丸的三倍，吸食几毫克就可以让人神经中毒、失去理智啊！寄信要去邮政局购买正规的邮票啊！”

八戒吐了吐舌头，惊出一身冷汗，心里既是感激又是惭愧，感激的是悟空又一次把他从鬼门关那里拉了回来，惭愧的是自己再一次在众人面前出了洋相，想到这里，不由得懊悔地低下头。唐僧见八戒这种表情，心里已经明白了几分，于是安慰道：“八戒，你早点休息吧！这事也不能全怪你，牛魔王为了牟取暴利，荼毒生灵，想尽一切办法在毒品外观上花样翻新，让人防不胜防！今后，你在异国他乡切记要管住口、管住手啊！”八戒听到师父不但没有责怪他的意思，还关心他的身体情况，心怀感激地望了师父一眼，点了点头。

八戒这次终于圆梦了，成了又高又帅的明星猪了。
唉！猴哥又笑俺了，俺想着与牛魔王决战胜负难料，先写封家书，哪想到这邮票还有毒呢。
看不出小小“邮票”毒性如此之大。
它的毒性是摇头丸的三倍，具有强烈的致幻性。
俺老猪做梦也想不到，这种毒品沾上皮肤都会让人出现幻觉。
八戒，购买邮票一定要到邮局啊！
八戒，你早点休息吧，这事也不能全怪你。
多谢师父关心。

毒品小百科

“邮票”是一种非常强烈的致幻剂，因常被涂抹在邮票上而得名。“邮票”的主要成分叫作麦角酸二乙基酰胺，它的英文简称叫LSD，是一种把从天然的麦角真菌中提取的麦角酸，与其他物质进行化学合成而制成的强效致幻剂。这种毒品只需很小的剂量就能使人产生强烈的幻觉。毒贩将它喷在邮票上，或者将真邮票浸泡在LSD溶液中制成毒品“邮票”。这种新型毒品伪装成邮票，迷惑性更强，其危害性也很大，长期使用甚至会使人产生自残、自毁、自尽等极端行为。

新型毒品“邮票”危害如此之大，我们应该从个人和家庭层面共同防范这种毒品的侵害。

一、个人层面的预防

（一）要提高识别毒“邮票”的能力。新型毒品“邮票”的毒性是摇头丸的三倍，俗话说“毒从口入”，但这个毒“邮票”通过皮肤接触就能让人产生幻觉。而且不法分子利用了青少年朋友比较喜欢卡通人物的心理，在卡通人物的画片或邮票背后喷上毒品，让涉世未深的青少年朋友难以区别。所以，我们可以从禁毒网站，或从权威禁毒部门学习识别毒“邮票”。对从国外邮寄过来的卡通画片、“邮票”更要提高警惕。

（二）购买、收集、收藏邮票时，一定要通过正规的渠道。不然就有可能因为收集到毒“邮票”

而造成意外中毒，甚至付出生命的代价。

（三）注意避免毒品文化的侵袭。毒"邮票"在国外比较流行，青少年朋友在远离父母、缺少监管，或者走出国门求学、访友、旅行时一定要警惕毒品文化的侵袭。我们远离毒品文化要靠自律，保持初心，莫把吸毒当时髦，不交损友，养成良好的生活、学习习惯，这样才不会走上吸毒之路。

二、家庭层面的预防

（一）家长应注意观察孩子的变化发展，对青春期孩子预防毒品侵害的教育要加强，但同时，教育方式要适当，谨防孩子产生逆反心理。要引导孩子不要追求危险的刺激以及一些低级的娱乐。有的青少年朋友喜欢追求刺激，看别人做一些比较新奇、刺激的事情就想着去试一试。还有的青少年朋友被所谓的"朋友"带去追寻一些低级娱乐，所以父母要引导孩子树立正确的"三观"，可以多带孩子参加健康有趣的活动，如音乐会、美术展等，这些活动可以在一定程度上提高孩子的审美与思考能力，有助于孩子健康成长。

第八章　白龙马怒撞八戒

唐僧师徒四人在斯坦国联合当地政府官员做了几天禁毒宣传，确定大街小巷再也找不到毒“邮票”了，才继续往西国而去。

这日到达西国。唐僧脸色变得凝重起来，这一路走来，他深深感受到了毒品无孔不入，毒品带给人类无尽的灾难。八戒、沙僧虽是神仙，但也出现剧烈的中毒反应，何况是常人呢！

悟空则想，当年他与那牛魔王结为兄弟，取经路上却又结下仇隙，最后他成佛，牛魔王更是心中郁愤难平、恼火万分。

这些年，牛魔王不但把他的花果山毁了，连山

上的猴子猴孙都弄得不成样。

“虽然俺老孙在生死簿上划掉了许多猴子猴孙的名字，可他们耐不住这新型毒品的引诱，常常导致自伤、自残、自杀啊！若是花果山的猴子猴孙全都因这新型毒品而丧命，俺老孙岂不是要孤独终老？”

想到这些，悟空脸上露出愤恨之色，恨不得立刻见到那该死的牛魔王，一棒送他上西天！

八戒之前和悟空到邮局把信寄出去了，应该说心里平静了许多。

沙僧神情肃穆，心中暗想，我本事没有两个师兄大，身在如此危险的地界，我一定要保护好师父，切莫疏忽大意，一切以师父的安全为重。

他自从那天无意中中了“笑气”之毒，一直心有余悸，至今身体还会出现异常反应，嘴角时不时露出傻笑。他只记得自己那天大笑不已，到最后他都感觉自己快要断气了，但还是不断地发笑。

这足见新型毒品的厉害之处，他想此行一定要捣毁毒窝，将牛魔王绳之以法。

四人各怀想法，不觉来到一片树林，一张张巨大的蜘蛛网拦住四人的去路，白龙马原地踏步，仰头长嘶。

悟空掏出金箍棒，喝一声：“妖孽，看打！”

金箍棒发出熠熠神光，一下子变得有百丈长。悟空嘿嘿一笑，将金箍棒一捣，拦路的蜘蛛网顿时被扫得一干二净。

“雕虫小技，也敢在你爷爷面前班门弄斧！”

唐僧见悟空扫除了蜘蛛网，十分欣慰地微笑道：“悟空，快快赶路吧！”

悟空笑着答应。可是异变陡生，众人没走几步，眼前再次出现了许多张蜘蛛网。

悟空气得抓耳挠腮，又扫清了蜘蛛网。可是没走几步，蜘蛛网再次出现。

四人行路甚是缓慢。悟空火气大了，欲喷火把网烧掉，唐僧一见马上拦住他道：“悟空，万万不可用火，树林里一旦起火可很难熄灭！”悟空赶紧熄灭欲喷出的火焰。

悟空一瞪眼，从脖子上抓下一把猴毛，对着手掌吹出一口气来。顿时，猴毛变成数不清的小猴子，在树林中哇哇乱叫。“孩儿们……”悟空叉腰大笑，吩咐道，“给俺老孙把这拦路网捅了。”

“是，大圣。”猴子猴孙们手中纷纷拿着一模一样的棍棒朝着蜘蛛网扫去，悟空这时候注意到沿途的每一棵树上都趴着许多硕大无比的黑蜘蛛，看来这些网就是它们织的。

小猴子们扫清了蜘蛛网，又用棍棒朝那些黑蜘蛛打去。黑蜘蛛来不及逃脱，一个个被棍棒打中，掉了下来，挣扎了几下就死了。

悟空正得意时，突然，白龙马长嘶一声撒腿就跑，唐僧猝不及防，被白龙马狠狠地从背上摔下来。

悟空、八戒、沙僧大惊失色，这可是从来没有过的事情。悟空跑过去把师父扶起来，察看伤情。刚才还温顺的白龙马突然好像发疯了似的，在树林里到处狂奔、又叫又跳，动作异常怪异。

八戒拿起九齿钉耙想把白龙马拦住，不料白龙马直撞过去，八戒猝不及防，被撞了个四脚朝天，大叫着倒在地上。

白龙马在树林里狂奔驰骋，撞到树干也不停下，马蹄声和凌厉的嘶鸣声震耳欲聋，让人闻声而栗。

悟空想施展法术定住白龙马，却又怕他受伤，只好转头问八戒："八戒，白龙马今天吃了什么东西？""猴哥，刚才你去弄蜘蛛网时，我见他在吃旁边的小草呢！这些草这么鲜嫩，不让他吃也怪可惜的！"

悟空一听沉吟不语，他蹲下来拔了几棵草闻了闻，没闻到什么味道，端详片刻，这些草看起来也和普通草无异。"猴哥，难道这草有什么古怪？你拿出那本《毒品百科》对照下便知。"悟空被八戒提醒，从沙僧包里拿出此书一番寻找，终于在书里找到了几张和眼前这些草非常相似的图片。

悟空端详一番后，大惊失色道："师父，您看这棵是恰特草，其叶中含有兴奋物质卡西酮，咀嚼后会对中枢神经产生强烈的刺激作用并容易成瘾，又被称为‘东非罂粟’。这棵是鼠尾草，具有强烈的致幻作用。这棵是‘小树枝’，毒性也很强烈。”

“怪不得白龙马会变成这样子，原来是吃了这些毒草出现幻觉了，悟空，你看有什么法子吗？”

悟空说：“师父，白龙马一下吃得太多了，现在毒性在他身上蔓延，就让他继续奔跑散毒吧，这也是比较原始的方法。”

“就怕白龙马跑死了。”唐僧皱着眉头回应道。这马一直跟随在唐僧身边，取经路上供唐僧骑乘，风里来雨里去，任劳任怨，历尽艰辛，功成后，终于修成正果，超越凡龙，本可以在天庭享受清福，但闻听唐僧要去扫毒，主动要求一同前往。这些年已和唐僧结下了深厚的感情，况且白龙马是龙王的三太子，有什么闪失也不好向龙王交代啊！

“师父，您放宽心就是，让他再跑一会儿，散散毒气，我找个机会把他截停看看什么情况再作打算。”果然过了一炷香时间，白龙马奔跑的速度逐渐慢了下来。悟空找个机会跃上马背，紧紧地抓住缰绳，白龙马吃了一惊，突然加速前进，又奔跑了一会儿，脚步才逐渐慢下来。悟空见时机已到，立即一拉缰绳。白龙马头一昂，叫了一声，停了下来，却站立不稳，四腿一软倒在地上，嘴角边吐出大量白沫。白龙马泪汪汪地看了悟空一眼，嘴角动了动，似乎想说些什么，却又闭上了嘴，不停喘着粗气。

悟空给他喂了颗解毒仙丹，然后伸出手轻轻地抚摸着他的脑袋，又不时探一下他的气息。这时，八戒走过来道："猴哥，白龙马不碍事吧？"

"没什么大碍了，你去找点水给他喝，然后做个马嘴套，看来这一路有很多毒草，得把他的嘴套上才行。"八戒见悟空满脸严肃，忙点头去办。

随后，悟空转身对师父道："师父，看来一场恶战在所难免，解毒仙丹所剩无几，为防万一，我得回天宫再讨些解毒仙丹回来。"唐僧点头应允。悟空又嘱咐沙僧几句，这才放心驾上祥云往天宫而去。

唐僧抬头看了看天空，已经日上三竿，于是扶着腰站起来道："悟空去天宫取药，你们先吃点东西吧！"沙僧听闻后，忙把一些食物分发给大家。

唐僧走到白龙马跟前，摸着他的头动情地道："你也是饿了，昨晚没有吃饱，今天又一早出来，都怪我没有照顾好你，你才会去吃那些毒草，我这份食物给你吃吧！"说完就把面包往马嘴里送。"师父，他刚喝完水，待些时候再喂食吧！"八戒想起自己中毒后都没食欲。唐僧点点头，满是怜爱地看着白龙马。

又过了一个时辰，一朵祥云飘来，悟空喜滋滋地从云头降落下来。"我说猴哥你去了这么久，难道在天宫吃大餐了？有没有帮老猪带点好吃的呢？"猪八戒问道。

"八戒你整天就想着吃，我有吃的会忘记你吗？"悟空说罢，丢了一包食物过去。悟空见白龙马逐渐恢复元气，这才放下心来。悟空笑嘻嘻地道："八戒，我见到你儿子了，他长得比你还帅呢！"八戒一听，手上的水果掉在地上。愣了半晌，见悟空不似说笑的样子，忙凑过来道："我的好猴哥，你快告诉我，我的小戒在哪里？"

"小侄子不但比你帅，还比你有本事呢，八戒你真是傻人有傻福啊！"悟空高兴地道。"还请猴哥快说，小戒现在怎么样了？"八戒闻此，喜得咧开大嘴，竖起大耳朵。

悟空说："当年猪小戒离家没有衣食，只好在动物园供游客取乐，赚取毒资和生活费，一次因为毒瘾发作抓伤游客，这事传开后，游客都说小戒是头疯猪，再也不敢与小戒合照了。小戒只好靠出卖苦力和捡拾垃圾为生。后来他打听到了你的消息，但见你成了扫毒英雄，怕你责打不敢出来与你相认，只想找个无人认识的地方过日子，于是他一路往西国走。

"那天，他刚到西国，突然电闪雷鸣，接着下起了倾盆大雨，此时他又累又饿，还发着高烧。他想在垃圾堆里找些吃的，不料因为体力不济，就倒在恶臭垃圾堆旁。正当小戒闭目等死之际，四处云游的仙人张果老在附近察觉到了小戒微弱的仙气，赶紧过来施救。他帮小戒治疗毒瘾，并传授仙术给他。”

“猴哥，我儿不碍事吧？”八戒闻此，喜忧参半，忙追问道。

“小戒是因祸得福了，张果老已经帮他治好了毒瘾，你安心扫毒为你儿积德就是！”

八戒想想也对，他像打了鸡血似的，收拾完行李，见白龙马站起来了，又殷勤地准备扶师父上马。

唐僧道：“算了，白龙马刚恢复元气，就让他慢慢走吧！”八戒忙道：“要不让俺背你走吧！”悟空笑道：“你这八戒的背是用来背媳妇的，哪能用来背师父呢！还是让老孙来背一程吧！”“猴哥，你又来取笑老猪了，怎么老没正经呢？”唐僧笑了一声，这才说道：“我不碍事，走慢些就是。”说罢就往前走去。

悟空去拉白龙马时，白龙马却长嘶一声，原地不动。“我说白龙马，你这不是恢复体力了吗？怎么还不走呢？”白龙马却不答话，看着唐僧，四条腿跪了下来。悟空这才明白，白龙马不忍让唐僧步行，坚持让唐僧坐上去。唐僧见此深为感动，走过来摸了摸他的脑袋，坐了上去。白龙马这才慢慢站起来，师徒四人打起精神继续前行。

啊啊啊——
白龙马怎么突然发疯了？
因为白龙马误食了植物类毒品。
猴哥，这么鲜嫩的草也是毒品吗？
这是恰特草，又被称为“东非罂粟”啊！

毒品小百科

恰特草和鼠尾草属于植物类毒品，它们的外观和气味与大麻叶相似。食用后可能导致心跳加快、血压升高、产生幻觉、焦虑、呕吐等不良反应。长期食用可能对大脑和身体健康造成严重损害。

有的人在派对中用恰特草、鼠尾草来招待客人，青少年朋友可能会因此染上毒瘾。以下是对这类有毒植物的识别方法和处理建议。

一是学习植物学知识。了解常见有毒植物的特点、生长环境和分布范围，以便区分它们是否为常见的有毒植物。

二是观察外观。有毒植物通常具有较为特殊的外形，如颜色鲜艳、有刺等。

三是避免随意采摘和食用。不要随意采摘和食用不熟悉的植物，特别是那些可能含有有毒成分的植物。

四是谨慎处理。如果必须处理植物，应做好如戴手套、口罩等防护措施。

第九章　带路的蝴蝶

唐僧四人艰难前行，又走了几天，突然眼前一亮，到了一处道路纵横交错的宽阔之地。四人一时拿不定主意，该往哪条道路上走。“八戒，你过来看，这些蝴蝶有些奇怪呀！”悟空眼尖，看到路旁有一群翩翩起舞的蝴蝶。

“师兄，这有什么奇怪吗？不就是一群蝴蝶在采食吗？”

“八戒，你上前去认真看一下，这群蝴蝶为什么吸完植物汁液飞起来之后，又摇摇晃晃地飞到另一棵植物上去吸汁液，那些汁液会不会有什么古怪？”

八戒用手摸了摸肚皮道："俺老猪的眼睛可没有在八卦炉里炼过呢！"八戒说完满脸好奇地走上前去观察起来。"师兄，这些蝴蝶吸的汁液难道有毒？"八戒仔细观察了好一会儿，用疑惑的眼神看着悟空道。"对了，看来你有长进了，你看这蝴蝶吸完植物汁液，飞走的时候不是直飞，而是在转圈，有的还像要掉下来似的，你再看一下旁边的植物，被这些吸了有毒汁液的蝴蝶再次吮吸后，都如同得了传染病似的成片成片地枯萎而亡，因为这些蝴蝶的口器中都带了毒，再和健康的植物接触就会将毒性传染过去。"八戒听了这才释然道："师兄，那这是什么毒株，咋这么厉害呢？"

悟空仔细看了看，沉思一番道："这些植株高两米左右，单叶互生，花朵为黄色，两性花，萼片有五片，花瓣也是五片，雄蕊有十枚，果实比较小，按照《毒品百科》的记载来看它应该是古柯类植物。"八戒睁大眼睛全神贯注地听悟空说。

悟空见八戒的表情，心想可能八戒多次中毒后心有余悸，想多了解些毒品知识，于是微微一笑继续说道：“它的生长周期为三十至四十年，每年可采摘古柯叶三到四次。古柯叶是提取古柯类毒品的重要物质，从古柯叶中可分离出一种生物碱——可卡因。过量吸食可卡因会引起震颤、眩晕、肌肉痉挛、激动不安、产生被迫害感、头痛、呕吐、昏迷等不良反应。长期吸食可卡因，会导致紧张、兴奋、极度激动不安、无法入睡、反射作用加强、精神紊乱、筋疲力尽。大剂量服用可卡因则会抑制心肌而引起心力衰竭，并严重抑制脑部的呼吸中枢，导致精神错乱、呼吸急促及不规律、抽搐、惊厥和失去知觉，进而导致死亡。”

八戒听完，不由得把嘴张成了“O”形说道：“我说猴哥，这种毒品咋这么厉害！”“对啊！这种毒品可以摧毁人体的一切机能，包括让人丧失生育能力。”悟空一本正经地说。“猴哥，打死我也不会去沾这个毒。”八戒脸色一变，吓得声音都变了。

“好了，八戒，也不用那么紧张，只要多加小心就是。这一路过来，牛魔王已经布下了天罗地网，等我们去钻。不管怎样，我们是明知山有虎，偏向虎山行，赶紧走吧！”

“走？往哪儿走？”

“你还不晓得？跟着蝴蝶飞的方向走便是了，蝴蝶就会带我们找到牛魔王的老巢，这些蝴蝶散播了毒性之后肯定会回去休息。”

八戒这才醒悟过来，这些喜欢吸毒汁的蝴蝶会依靠其灵敏的嗅觉回到牛魔王的毒巢。

四人跟着蝴蝶走走停停，走过了低矮的灌木丛，又经过了一大片鲜艳的罂粟花田。悟空看着眼前的毒物眉头紧锁，看来方向是走对了，但问题是牛魔王在其老巢经营多年，该怎么对付他呢？

在悟空思考的时候，八戒突然指着右边一排排树上长的蘑菇好奇地道：“师兄，你快看这七彩的蘑菇，多好看啊！我们摘下来晚上给师父加菜吧！味道肯定很美呢！”“八戒，别摘来路不明的蘑菇，你认真看一下，这是‘迷幻蘑菇’。与普通蘑菇相比，‘迷幻蘑菇’的菌柄更粗，顶部尖长细小。食用这种蘑菇能改变人的性格，使人变得语无伦次，也会让人产生幻觉。它里面的成分能刺激交感神经，与迷幻药 LSD 有相似的毒性，比摇头丸、K 粉毒性更强烈。”八戒吓得忙用双手捂住了嘴巴，不敢作声。

悟空继续说道：“这里等于是毒品、毒物的乐园，甚至空气、水都可能带毒，我们一定要多加小心。”说话间，四人穿过蘑菇林，到达一片紫色的湖水处，湖面上升起一阵浓雾，雾中隐隐约约有一座木桥，看不清远处，这时蝴蝶也不见了。八戒道：“看来这湖水又有古怪了。”悟空说：“对了，你看那些空桶，估计是用来盛装湖水的，这湖水颜色发紫，看来是毒品‘紫水’。‘紫水’看似对身体没有任何坏处，甚至还有好看的颜色和水果味的口感，特别能吸引青少年，让许多人还没有察觉到毒性的时候就喝了很多，但是它却有较强的成瘾性和戒断症状，对人体的危害其实不亚于大麻、冰毒。在一些国家，‘紫水’早已臭名昭著。最近几年，牛魔王制造的新型毒品瞄准了未成年人，他的狼子野心昭然若揭。如果我估计不错的话，牛魔王的老巢应该就在对岸。我们要做好战斗的准备，沙师弟，你的任务还是保护好师父。”沙僧神情肃穆，连连点头。

突然一阵大风吹来，将湖上的雾气吹走了，桥对面露出一座绿色的宏伟城堡，上面有一个巨大的圆形塔楼，中间有狭小的窗户，就像是一双双诡异的眼睛。半圆形的拱门、坚固的圆顶，再加上周边100多米宽的“紫水”作为护城湖，让这座城堡易守难攻。城堡上有几只乌鸦在低鸣着，一股阴气弥漫在整个城堡上空。

悟空不由得倒吸了一口凉气，正在发愣时，突然从城堡上射下几道光束，数十秒后，光束消失，城堡的门打开了，从门里闪出一群怪异的妖怪。悟空定睛一看，被众妖簇拥而出的正是牛魔王。他比以前消瘦了，头上戴一顶水磨银亮熟铁盔，身上贯一副绒穿锦绣黄金甲，足下踏一双卷尖粉底麂皮靴，腰间束一条攒丝三股狮蛮带，一双眼光如明镜，两道眉艳似虹霓，口若血盆，齿排铜板。

牛魔王一见悟空他们，大吼了一声，声音震得悟空耳朵嗡嗡作响。悟空呵斥道：“我说你这个魔头，你不好好修身养性，却跑出来祸害人间，是为何故？”牛魔王反唇相讥道：“天下熙熙，皆为利来；天下攘攘，皆为利往。如果你不是去西天拿回几本破经书，得到一点好处，你不也是和我一样吗？”

“你看一下自己变成什么样子了，你这样害人害己，为人所不齿，你制造的毒品害死了多少人，让多少人如同行尸走肉般活着，让多少家庭支离破碎，这些你知道吗？”

“哈哈哈，你这个弼马温少来教训我，我妻离子散，谁理我了？我成就一番霸业招谁惹谁了？我又没强迫他们来吸毒，怎么就害人了？真是天堂有福你不享，地狱无门自来投，今天咱们新账旧账一起算。”

牛魔王心中怀恨，他认为，他和这猴头结为

兄弟，但这猴头取经路过火焰山，对铁扇公主百般欺骗，全然不当他是兄长。今日再见，定要他付出代价。

“猴哥，跟他那么啰唆作甚，我们赶紧把他打死算了，留这厮多活一分钟，就会害死无数人。”八戒在旁边不耐烦地道。

八戒见这牛魔王凶神恶煞的模样也是恨得牙痒痒，这牛魔王不知害了多少人，着实可恶！

“八戒，莫急，我们先激怒他才好取胜。”如果按以往，孙悟空听到有人叫他弼马温早就暴跳如雷了。

“魔头，看在当初我们结拜兄弟的情分上，如果你发下重誓，永不害人，并把所有毒品销毁，还我花果山原样，那么我就可以饶你不死。”悟空继续不紧不慢地道。

“啊哈哈！你这弼马温口出狂言，今天不给你点颜色瞧瞧，可不知我平天大圣的厉害。”当年悟空称齐天大圣后，他就自称“平天大圣”。

牛魔王一手叉腰，一手指着悟空大骂，就差拿鼻孔瞧着悟空了。

“阿弥陀佛，放下屠刀立地成佛！善哉！善哉！”唐僧见此情形，恐伤及更多无辜生命，于是赶紧规劝牛魔王。

“你这老和尚，当年就该把你吃掉，今天就把你们四个和尚，还有龙王三太子一起烤熟吃了，给我们增加法力，这样你们死得也不冤了。”

牛魔王嘿嘿直笑，丝毫不惧。他想着自己的实力今非昔比，自己拥有了那么多新型毒品，还怕你孙猴子不成？

说罢，他大手一挥，只听一声巨响，眼前紫色的湖面升起了一排铁板，铁板上站着成千上万名手持各式兵器的怪人。

八戒不由得看呆了。

悟空说：“八戒，八戒，你不会害怕了吧！这些都是小喽啰而已。”

“哦！俺老猪怕过谁，只是寻思湖里还能藏着那么多妖怪，说不定这个城堡里的机关更多。”

悟空还没搭话，铁板已差不多升到地面，只见那些怪人赤着脚，脚踝上系着铃铛，裸露着上身，挥舞着手中各式兵器冲了上来。

悟空心想，这些怪人也不过是被牛魔王驱使的当地百姓，罪不至死，变成这样应该都是吸食了牛魔王的毒品所致，只要打倒了牛魔王，再加以治疗便可让他们恢复神志。想到这里，悟空吹出一口仙气把这些怪人定在原地。悟空见没了后顾之忧，便招呼八戒准备动手。

牛魔王为了引诱青少年吸毒真是无所不用其极！
是啊，连我老猪都被毒品的外观引诱了。
看来我们一定要提高警惕！
这就是牛魔王的歹毒之处。
新型毒品虽然变化多端，但只要我们提高警惕，就能够保护自己。
对，要管住我们的手和嘴。

毒品小百科

“紫水”的主要成分是可待因和盐酸麻黄碱，有着较强的成瘾性和戒断症状。我们可从以下几个方面来识别。

一、外观。“紫水”通常呈现出明显的紫色，可以通过直接观察水的颜色来判断是否为“紫水”。

二、气味。“紫水”有一种刺激性气味，类似于漂白水或氨水，而且口感苦涩。

三、标签。有些人为了躲避警察追查，会将“紫水”放入水中饮用，所以可能会在瓶子上贴上标签。可以通过查看包装上是否有可疑的标签来判断。

四、来源。如果怀疑某种液体是毒品，可以询问该液体的来源和制作过程。通常，毒品制作过程包含许多不法行为，贩毒人员必然会百般加以掩饰。

温馨小提示

“紫水”是一种新型毒品，通常在酒吧等娱乐场所出现，对人体的危害很大，过量吸食会出现呕吐、腹泻、大量流汗、血压下降、哮喘、急性肾衰竭、休克等症状或导致吸食者因败血症猝死。对于“紫水”的侵害，我们需要采取相应的预防措施。

一、教育宣传。向公众说明毒品的危害性、成瘾性和后果。通过提高人们的防毒意识和知识水平，可以帮助人们更好地认识毒品“紫水”及其危害。

二、家庭关怀。要建立良好的家庭沟通和互动，帮助家庭成员建立积极的生活态度和行为习惯。

三、技能培训。社区可以提供健康知识和生活技能培训，帮助个人更好地管理压力、解决问题，以减少寻求“紫水”的欲望。

四、寻求帮助。已经受到“紫水”侵害的人，应及时求助专业的戒毒机构和心理辅导服务。

总的来说，预防毒品“紫水”的侵害需要全社会的共同努力，包括政府、学校、家庭、社区等各个方面形成合力，加强监管和教育力度，提高公众的认知度和警惕性。只有这样，我们才能有效地保护自己和家人免受“紫水”的危害。

第十章　合力降魔

牛魔王一见自己的手下被孙悟空定住，气得捶胸顿足，双眼露出凶光。

突然，他怪叫一声，身体陡然跳到空中，用铁棍朝悟空抡去。

悟空早有防备，他眼观六路、耳听八方，任何一丝风吹草动都瞒不过他的火眼金睛。他大笑一声，厉声喝道："魔头，来得好！先吃俺老孙一棒！"

牛魔王也不甘示弱，提起手中兵器接下这一棒。两人你来我往，一时间你出招来我还手，打得不相上下。

八戒见悟空不能取胜，便赶来加入战斗。

牛魔王见猪八戒扑过来，冷笑一声，乘机腾出一只手，从口袋里拿了一颗黑乎乎的药丸放进嘴里，气急败坏地道："最好四个和尚一起上，免得我多费工夫。"

牛魔王咽下药丸，额头青筋突起，大喝一声，和悟空、八戒在空中激战起来，取经时悟空与八戒还有许多神仙联手才打败了牛魔王，现在的牛魔王不知吃了什么药，竟然越战越凶，三人在空中战作一团，开始还你来我往，但逐渐牛魔王占了上风，八戒、悟空只能勉强自保。

沙僧看得着急，想上前帮忙却又不敢离开师父，眼看着悟空、八戒就要败下阵来，突然，有一个人影扑向牛魔王。

"小戒！"这下八戒看得非常清楚，来人的手臂上有三条疤痕，他不由得喊了出来。悟空一见，嘻嘻一笑道："八戒，我没骗你吧！小戒长得比你帅，法力还比你强呢！"八戒咧开嘴笑了笑，猪小戒听到父亲叫他，点了点头，便专心应战。

牛魔王见猪小戒扑过来，心里一惊，他曾听过猪小戒得到张果老的真传，本领比他老子还要厉害，嘴上却道：“你们有什么招式尽管使出来吧！今天就让我为你们父子俩送终。”

“不要废话，你作恶多端，害人不浅，今日我们几人就送你下去见阎王。”悟空眉毛上扬，厉声道。

牛魔王气得在空中发出了剧烈的吼叫，那声音震耳欲聋，似乎整个城堡都要抖动起来。八戒一时愣住，忘记了进攻。牛魔王见此机会，突然把两只牛角变长，就往八戒身上狠狠地扎去，眼看就要扎到八戒的手臂了。小戒在旁边看得清楚，眼疾手快伸出九齿钉耙挡了过去，只听见“当”的一声脆响，溅出一片火花。八戒吓了一跳，赶紧抖擞精神拿起九齿钉耙扑了上去。

四个人在空中打作一团，一时难分高下，直打得飞沙走石、日月无光、树枝折断。这是一场酣畅淋漓的大战，四人身影交织在一起，一时分不清哪个是猪小戒，哪个是猪八戒。此刻，牛魔王的怒吼声，八戒的呼叫声，孙悟空的呐喊声，再加上狂风的呼啸声，兵器的碰撞声，声声入耳，场面异常壮观。沙僧在下面看呆了，想上前助战，又害怕师父有什么闪失，只好焦急地在师父身边团团转。唐僧则口里念念有词，祈祷徒儿早点取胜。

也许，牛魔王吃的药药效持续时间有限，不久他就呼吸急促，满头大汗，渐显疲态。

又激战了约半个时辰，牛魔王明显觉得力不从心，他一边硬着头皮应战，一边寻找机会脱身。

不久，牛魔王找了个机会，他虚晃一招，把悟空三人逼退几步，然后自己往城堡里逃去，铁门瞬间“当”的一声紧紧地闭上了。悟空几人转了一圈也找不到进去的门，城堡被封得严严实实。正在焦虑的时候，猪小戒道：“别担心，玉帝派我过来协助你们，还给了我一张牛魔王老巢的地图。师父也给了我许多宝物。你们跟我来，从地图上看，有一条暗道可以进去。”说罢，他拿出几个防毒面罩给悟空，要他们戴上，然后转身走在前面，带着悟空、

八戒转到一棵树前，他移开了一块石板，露出幽暗的地道口。

三人弯腰钻了进去，摸索着前进，小戒紧紧握着八戒的手前行，八戒的手在黑暗中被他这样一握一拉，感到一股暖流瞬间在全身涌动，这一握化解了一切的尴尬和恩怨，他知道父子之间的隔阂已经消失了。

趁此机会，八戒便问起猪小戒的情况，猪小戒见父亲如此心切，虽然眼下身处险境，也只好把自己的情况作了简单介绍。八戒听了心里颇为感动，哽咽着道："都怪我，没有照顾好你们娘儿俩。"

"这些事情都过去了，我也理解父亲当时的心情，我们以后回家再详述吧！你们要注意，从地图上看，城堡里设置了许多机关，还有许多毒气。"

悟空连声道："小戒，今日幸好有你在，那头疯牛不知吃了什么怪药，厉害得出奇。"

说话间三人通过了暗道，小戒在角落里摸索了半天，按了一下开关，随着"轰隆隆"的声音响起，一道沉重的铁门打开了，眼前明亮起来，突然一股彩色的烟雾弥漫过来。“大家注意戴好防毒面罩，这是彩虹烟，毒性大。”小戒赶紧提醒道。八戒问：“儿啊，什么是彩虹烟啊？”小戒一脸严肃地道：“这是牛魔王研制的新型毒品，彩虹烟燃烧时会产生特殊烟雾，色彩斑斓，可以加工成香烟，看上去和普通的香烟没什么两样，用纸盒包装。有些人还觉得很酷炫，和普通香烟比起来，这东西要更香，具有很强的迷惑性。更叫人担心的是，现在这些流向市面的彩虹烟，普通人很难分辨出来，特别是模仿大人、私下抽烟的少年，他们辨别能力极差，稍不留神，就会‘中招’。一旦吸入过量，轻则丧失生理功能，重则造成终身残疾。”“我们赶紧过去，这时候牛魔王多半躲在密室里恢复体力。”小戒又匆匆提醒道。

三人紧贴着墙壁，小戒带着二人，小心翼翼地穿过几条走廊，又绕过几扇大门，到达一处大厅里。突然八戒感觉好像有什么东西吸引着他的身体往前走。小戒眼疾手快，赶紧把他拉住："小心，这是牛魔王精心设计的'魔鬼地带'，是按五行八卦设置的，稍不小心走进里面，就像钻进一张无形的大网，再也走不出来。我听师父说有一个人走进去后，五官极度扭曲，浑身肌肉也剧烈抽搐不止，仿佛被烤化了一般，片刻工夫就只剩下一副没有血肉的干枯骨架。"小戒说完，见悟空半信半疑的样子，他好像早有准备似的从身后拿出一只小白兔道："这是我带在身上用来探路的，你们看一下。"

只见他一松手，小白兔蹦蹦跳跳地跑进去，很快就发出惨叫声，很短的时间内在一道光芒的照射下成了干尸。八戒看得毛骨悚然，半天回不过神来。"这种光能在瞬间使生物体细胞里的水分脱尽，成为一具干尸。"小戒说道。

"这种光是一种新型的武器，牛魔王这些年一直在秘密研发。"小戒的表情非常严肃，他深知这种武器的可怕之处。

"那怎么办，我们攻不进去了？"悟空焦虑地道。

“悟空叔叔别急，你们跟着我走，绕开这一带，那些光就不会照到我们了。”

小戒说完便在前头带路，一会儿走“S”形路线，一会儿走“L”形路线，好不容易才走出了“魔鬼地带”。

正在这时，一阵嚎叫声传来，打破了现场的寂静。几人同时拿出武器，警惕地对准发声的方向。

只见前面两扇厚厚的钢门慢慢地打开了，随后冲出了几只凶神恶煞的老虎，张开血盆大口向悟空他们直扑过去。

三人腾挪闪躲，老虎见咬不到他们，更加发狠。

八戒在儿子面前表现得无比勇猛，挥舞着九齿钉耙，发出阵阵风声，他表情严肃，也不说话，随手便打死几只恶虎。

“我们赶紧走，这些老虎都是吸食了毒品的，已经发疯了。”猪小戒见父亲如此厉害，脸露钦佩之色。

猪小戒找到一扇暗门，三人穿过后进入一个宫殿式的大厅。悟空仔细一打量，大厅的地板是上好的白玉，闪烁着光芒，袅袅的雾气弥漫在整个大厅之中。

厅内墙上的牌匾上写着“平天大圣”四个大字。

“这该死的牛魔王，居然如此骄奢，利用毒品赚取民脂民膏，为自己建造如此辉煌奢靡的宫殿，不知道为建成这宫殿，毒害了多少人！”

想到这里，悟空胸中升起一股怒火，抡起金箍棒，攒足了劲往墙上打去，“轰”的一声巨响，一堵墙塌了，“平天大圣”的牌匾也掉到了地上。

金箍棒可是重一万三千五百斤，这一棒下去差点没把整个城堡打塌。

躲在大厅里间疗养的牛魔王着实吓了一跳，他孤独地躺在床上，侧着身子蜷缩成一团。他在想，自己苦心经营了数百年才建立了毒品帝国，不料还是输给了孙悟空。他极不甘心，他在想自己怎样才能重整旗鼓。

正在他胡思乱想的时候，孙悟空已经冲破了他精心设计的铜墙铁壁般的防线。他从床上跳了起来，满脸盛怒，拿起两把宝剑，从里间走了出来。

“猴头，休要毁我行宫！”言罢，他又扑了过来。

悟空几人见状，当即大喜，终于找到这厮了。三人呐喊一声，冲了上去，四人又杀作一团。

激斗了七十回合有余，牛魔王使出了浑身解数，眼看还是抵挡不住悟空三人的夹击，想败走逃生。可是这个想法早被悟空识破，他吩咐八戒父子站在牛魔王身后和自己前后夹击，让牛魔王上天无路，入地无门，也不让他腾出手去按机关开关。牛魔王欲跳到空中突围，悟空跳起来一棒又把他打落在地。

眼见逃脱无望，牛魔王喉咙中发出悲鸣，再次释放神通。

他鼻孔喷着热气，拼了命地向几人进攻。他此刻已是不择手段，哪怕是身死道消，也要拖一个垫背的。

此刻的牛魔王勇猛无双，打得三人连连退避。

眼看三人无计可施的时候，猪小戒猛地想起

师父张果老给他的法宝，于是赶紧拿出来一看，原来是照妖镜。他连忙把照妖镜对准牛魔王。牛魔王一见照妖镜，便现了本相，腾挪不动，哀嚎不止，最后乖乖地束手就擒。悟空赶紧上前把牛魔王绑得结结实实地带到师父跟前，让师父发落。牛魔王低垂着头，像斗败的公鸡一样，再没有刚才的杀气。他跪在地上不断哀求唐僧饶命。唐僧见战斗结束，徒儿无恙，不由得大喜。

八戒则向师父请求先同猪小戒探望高翠兰后再回天宫。唐僧准许，告诫八戒虽然擒获了牛魔王，但牛魔王制毒产业遍布天下，并非一朝一夕可以消灭，回去之后要继续做好禁毒宣传，把牛魔王的累累罪行告之天下。八戒见师父答应了，高兴得跳起来，赶紧携猪小戒去了。

至此，四人充满艰难险阻的扫毒之行结束，唐僧与悟空、沙僧、白龙马带着牛魔王返回天宫禀报玉帝。

我们终于胜利了。
可以回家和妈妈团聚了。
能打赢牛魔王真是多亏了小戒。
是啊！终于捣毁了牛魔王的魔窟。
师父，为何叹气？
牛魔王虽然已经被擒，但新型毒品仍然危害着人们的健康。
师父放心好了，我们回去之后会继续做好禁毒宣传。
谨遵师命。
谨记师父教诲。
新型毒品还在为祸人间，我们不能放松警惕！

毒品小百科

彩虹烟是一种含有化学合成物的吸入剂，通常在出售时用彩色盒子加以包装。它可能导致头晕、恶心、呕吐、意识丧失等不良反应。长期吸食可能对呼吸系统和中枢神经系统造成损害。有的彩虹烟还含有依托咪酯成分。2023年10月1日，依托咪酯正式被列入第二类精神药品管制目录。

彩虹烟是一种新型毒品，其外表与普通香烟相似，但毒性更大，迷惑性更强，特别是对青少年群体具有极大的危害。为了保护自己和家人，我们需要了解如何识别和预防彩虹烟的侵害。

首先，要识别彩虹烟。我们需要了解其外观特征。彩虹烟通常是由纸盒包装的，外观与普通香烟相似，但颜色更为鲜艳，有时会有多种颜色。此外，彩虹烟燃烧后的烟雾也是彩色的，由于添加了特殊的化学物质，这种烟对人体危害极大。

其次，我们要警惕彩虹烟的来源。彩虹烟的生产和销售渠道往往不正规，一些不法分子会利用网购、快递等方式进行销售。因此，我们需要保持警惕，不要轻易购买或接受不明来源的香烟。

我们要采取积极的措施，了解彩虹烟的危害，提高自我保护意识和警惕性。要谨慎交友，不要去追随不合适的潮流，以免留下“一朝吸毒，终身戒毒”的遗憾。